UND FÜHRENDE
für Damen
MODENPALAIS
JULIUS
Unerreichte Auswahl!
Nur Qualitätsware!
Stets die billigsten Preise!
Spezialabteilung für starke Dam
Reinigung
von Büro, Fenster, Böden, Teppichen, Malerei, Tapeten, Wohnungen
Ungeziefervertilgung mit Hydrogas
„Awra"
Wien IV.,
Reinigungs- und Desinfektionsanstalt. Schäfergasse 15. Telefon: A 33001
Inserate in der Wiener Hausfrau finden weiteste Verbreitung!
Höfer's
Vitamin-Wein
kräftigend, appetiterregend
Magenheil
Gesundheits-likör
Kleine
Geschäfts-Anzeigen
Ungeziefer - Vertilgung
ist am besten durch Heissluft-Apparat
„Iva"
Lohnenden Verdienst
im Hause erzielt man durch Ankauf der neuesten patentierten
Strickmaschinen
Strickmaschinenfabrik M. Wedermann
WIEN VI
Mariahilferstr. 45
K. u. k. Marine-Kammerlieferanten.
Schuhreparaturen
Konrad Goloversnik,
Schuhmachermeister
V., Mauthausg. 4.
Postversand per Nachnahme.
Unentbehrlich für jede Hausfrau
ist das Büchlein
„Praktischer Ratgeber"
Telephon 7372.
Staehr & Co.
Spezialhaus
Zur Eiderente
Berthold Samek
VIII., Lerchenfelder Straße nur Nr. 30.
Teleph. 33275.
Ihre Wäsche
Telef. 6339
Wien VI., Wallgasse 4
Zu dumm!
Pelzwaren - Klinik
A. TUMA & SOHN, Kürschnerges. m. b. H.
Wien, VII, Lindengasse 48–50, II. Stock.
schick und modern!
„Die Konserven von Frau v. Sz."
Deutschen Druck- u. Verlagshaus G. m. b. H.
Berlin SW. 68.
Die fescheste
Damenhüte
bei Marie Thern
Wien XV, Neubaugürtel Nr. 13.
DAMEN
DAMEN
MONATSBINDE
„Excellent"
das ideale
Julie Bednarz, Wien

Ein bisserl schimpfen, ein bisserl räsonieren

Stefan Franke

Ein bisserl schimpfen, ein bisserl räsonieren

Leserbriefe anno dazumal

Gefördert von der Stadt Wien Kultur

Stadt Wien

Quellenhinweis:inkl. Vor- uns Nachsatz

„Wiener Hausfrau" 1904-1939, ANNO/Österreichische Nationalbibliothek

1. Auflage 2023

ISBN 978-3-8000-7834-9

Covergestaltung: Saskia Beck, s-stern.com
Illustrationen: © iStock und pixabay
Satz: Lisa Wilfinger, Carl Ueberreuter Verlag
Druck und Bindung: finidr, s.r.o, Český Těšín

fb: @ueberreuterwien
ig: @ueberreuter_wien
tt: @ueberreuter_wien

www.ueberreuter.at

Inhaltsverzeichnis

Einleitung

Sie halten ein Buch in den Händen, das sich mit dem Schimpfen beschäftigt; mit dem Schimpfen über diverse beklagenswerte Zustände im Wien Anfang des 20. Jahrhunderts. Wien als Schauplatz erscheint hier als exemplarisch, denn allzu verbreitet waren damals die beschriebenen Probleme und Problemchen zwischenmenschlicher Natur und sie kamen wohl in jeder anderen österreichischen oder gar europäischen Stadt ebenso vor.

Die Beiträge stammen aus Leserbriefen einer Beschwerderubrik der Wochenzeitung „Wiener Hausfrau" von 1909 bis 1915. An dieser Stelle will ich das großartige Projekt ANNO der Österreichischen Nationalbibliothek in dankenswerter Weise hervorheben, ohne welches dieses Buch nicht möglich gewesen wäre.

In besagter Beschwerderubrik mit dem passenden Namen „Der Klaghansl" konnte alles angesprochen werden, was an der damaligen Zeit und vor allem an den damaligen Zeitgenossinnen und -genossen beklagenswert war. Worüber man sich damals aufregte, kommt einem auch heute durchaus bekannt vor: Man ärgerte sich über neugierige Nachbarn, tuschelnde Konzertbesucher, Unrat auf der Straße, mangelnde

Sauberkeit in der Markthalle, ungezogene Kinder, modische Torheiten, den allgemeinen Sittenverfall etc.

Für den leichteren Einstieg habe ich eine Kapiteleinteilung vorgenommen. Diese ist allerdings nicht so streng zu sehen, denn das Schimpfen ist eine komplexe Angelegenheit und reicht in viele Lebensbereiche hinein.

In diesem Buch wird nur „ein bisserl" geschimpft; mit Betonung auf eben diese typisch österreichische Verkleinerungs- bzw. Verniedlichungsform. Der sprichwörtliche Rohrspatz wird also seinen unschönen Gesang nicht anstimmen und Sie werden daher auch keine Schimpfwörter oder gar derbe Flüche finden – in der „Wiener Hausfrau" wurde mit Niveau und Stil geschimpft.

Möglicherweise interessiert Sie, wer in diesem Buch eigentlich zu Wort kommt. Nun, ich weiß es leider nicht. Die „Wiener Hausfrau" war eine eher konservative Wochenzeitung mit bürgerlicher Zielgruppe – es handelt sich wohl hauptsächlich um dieses Publikum, das seine Klagen an die Zeitung richtete. Mehr ist aber nicht herauszufinden. In der Anonymität schimpft es sich ja ohnehin am angenehmsten!

Die Verfasser und Verfasserinnen der „Klaghansl"-Beiträge unterzeichneten ihre Einsendungen meist nur mit Initialen. Da diese Buchstabenkombinationen den Texten jedoch keinen Mehrwert verleihen, werden diese nicht angeführt. Auch die vollen Namen, die vereinzelt unter den Artikeln zu finden waren, habe ich abgekürzt – wir wollen hier bloß keine mehr als hundert Jahre alten Fehden neu aufwärmen. Dort, wo Sie in diesem Buch unter den Beiträgen einen Namen bzw. ein Pseudonym finden, wurde dies hauptsächlich aus Gründen der Zuordenbarkeit zu den Geschlechtern gemacht.

In anderen, eher raren Fällen wird durch ein Pseudonym den Angesprochenen sozusagen der finale Todesstoß gesetzt. Wenn ein Beitrag über schlecht erzogene Kinder etwa mit dem Pseudonym „Eine Wienerin, die auch Kinder hat, aber gut erzogene" unterzeichnet wird, verleiht das dem zuvor Geschriebenen nochmals gehörig Nachdruck.

Ob so eine Beschwerderubrik etwas typisch Österreichisches, vielleicht sogar typisch Wienerisches ist? Gut möglich, denn der Wiener Bevölkerung wird immer wieder das übermäßige Granteln und Sudern sowie die präventive Ablehnung jedweder Veränderung vorgeworfen.

In einem Punkt unterscheiden sich die Leserbriefe aus vergangenen Tagen aber von heute üblichen Kommentaren, die oft nur ein reines Dampfablassen sind: Viele der Autorinnen und Autoren schließen ihr Schreiben mit einer wohlmeinenden Bitte oder einem herzlichen Wunsch an die Allgemeinheit; man wollte etwas zum Besseren verändern und sich nicht nur den Zorn von der Seele schreiben. Oder um es mit den Worten der Verfasserin eines Beitrags zu sagen: „Erstens redet sich ein jeder gern Gift und Galle von der Seele und zweitens nutzt es am Ende doch etwas, wenn recht viele über eine und dieselbe Sache schimpfen."

Besonders schön an diesen Texten erscheint mir die Möglichkeit, die Gedanken und Haltungen unserer Vorfahren unverblümt vor sich ausgebreitet zu haben. Wir können direkt in das Alltagsleben der damaligen Zeit blicken.

Kürzungen, sanfte Anpassungen an die heutige Grammatik und ein paar Entschlüsselungen allzu komplizierter Textpassagen habe ich vorgenommen, um eine angenehmere Lektüre und die Konzentration aufs Wesentliche zu ermöglichen.

Mit diesem Buch möchte ich die ganz normale Bevölkerung und ihre ganz normalen Alltagssorgen in den Mittelpunkt stellen. Zugegeben, es handelt sich nur um einen bestimmten, nämlich den bürgerlichen Teil der Bevölkerung, aber immerhin. Diesen Menschen sei nun das Wort überlassen.

Auf Straße und Schiene

Einiges über das Tragen der Stöcke und Schirme

Eine große Unart, die besonders in der Großstadt zu schweren Unglücksfällen führen kann, ist die, wie viele Herren mit ihrem Spazierstocke hantieren. Vor einigen Tagen spazierte auf der Mariahilferstraße ein Herr, der ab und zu seinen Stock im vertikalen Kreise drehte; durch dieses unvorsichtige Hantieren mit dem Stocke erhielt eine Dame, die in einem kleinen Bogen vorgehen wollte, einen nicht gelinden Schlag auf die Schulter. Wie leicht aber hätte die Spitze des Stockes das Auge der Dame treffen können, die durch ein solch unachtsames Benehmen hätte zeitlebens zum Krüppel werden können.

Aber nicht allein die Herren bringen durch ein solches Vorgehen die Passanten in Gefahr, sehr oft bemerkt man auch einem Schaufenster zugewendete Damen, die den gerollten Schirm waagrecht unter dem Arme halten, während die Hände fortwährend mit dem Auf- und Zuknöpfeln der Handschuhe beschäftigt sind oder dergleichen. Durch eine solche ungeziemende Haltung des Schirmes wird den Passanten nicht nur ein Teil des Trottoirs abgesperrt, sondern diese laufen auch noch Gefahr, bei der geringsten Bewegung der Dame von deren Schirmende sehr unsanft berührt zu werden. Ein solches Tragen des Schirmes ist doch, wie gesagt, nicht nur unschön, sondern auch für die Mitmenschen höchst gefährlich!

7. Jänner 1912

Mehr Reinlichkeit in der Eisenbahn

Mit Freude vernimmt man die Meldung von immer neuen Unternehmungen, um den Feind unserer Volksgesundheit, die Tuberkulose, zu bekämpfen. Waldheime und Waldschulen, Fürsorgeanstalten und Heilstätten tun sich auf, um dem Zerstörer des Volkswohles zu Leibe zu rücken.

Sollte da der Staat nicht aber auch einsehen, dass die Eisenbahnwagen in ihrem jetzigen Zustand Bazillenträger von Ort zu Ort, von Mensch zu Mensch sind? Die Fensterrahmen, die Lederriemen, die man anzufassen genötigt ist, kleben häufig vor Schmutz; das Innere des Wagens bedürfte einer gründlichen Säuberung durch kräftige Reibweiber mittels Wasser, Seife und Bürste und nicht nur einer Staubverjagung von einer Ecke in die andere, wie man dies, durch Männerhände verrichtet, bisweilen mitansehen kann. Freilich könnte auch das Publikum mehr Reinlichkeitssinn entwickeln und selbst etwas mehr zur Reinhaltung der Wagen beitragen. Alles in allem sollte für weit bessere Sauberkeit der Eisenbahnwagen Sorge getragen werden, damit der Aufenthalt in ihnen nicht zur Gefahr für den Reisenden wird.

29. Juni 1913

Gleiches Recht für jedermann

Da verkehren alltäglich nach allen Richtungen zahlreiche Eisenbahnzüge im Lokalverkehr, die das nach frischer Luft dürstende Publikum Wiens in Mengen in die waldreiche Umgebung führen. Selbstredend wollen da sehr viele des Abends nach Hause kommen, und so gibt's bei den meisten Stationen ein recht ungemütliches Drängen und Stoßen, sobald der Eisenbahnzug heranrollt. Ohne Rücksicht auf das Fahrbillett werden die Coupés gestürmt und besetzt. Eine Kontrolle der Eisenbahnwagen erweist sich der Überfüllung aller Coupés halber als unmöglich; daher geschieht es häufig, wenn man in der Ellenbogentaktik unerfahren ist, dass man, wenn man schon das Glück hatte, in seine 2. Klasse geschoben zu werden, mit einem Stehplatz sich begnügen muss, während andere, die vermutlich diese Klasse nicht bezahlten, mit einem verschmitzten Lächeln sich's auf einem Sitzplatz bequem machen.

Eine Abhilfe wäre da dringend notwendig, die sich entweder so durchführen ließe, dass im Lokalverkehr überhaupt nur Wagen 3. Klasse eingestellt werden, oder man kontrolliere die 2. Klasse und veranlasse, dass jene, welche die Billetts dieser Klasse besitzen, einen Sitzplatz angewiesen erhalten.

24. September 1911

Frequenz-Unarten

Bei der Fahrt in den Straßenbahnen treffen sich oft zwei Bekannte, welche in der gedrängten Zeit des Zusammenfahrens alle ihre ex- und internen Angelegenheiten möglichst ausführlich zur Sprache bringen wollen. Die armen Mitreisenden erfahren in wenigen Minuten alle Hausherren-, Kinder- und Dienstbotengeschichten und sitzen dabei, rettungslos dem über sie flutenden Redestrom preisgegeben. Wie unbescheiden und rücksichtslos.

Für viele ist die Fahrt in den Beruf die einzig ruhige Zeit des Tages, in welcher man einen lieben, unterwegs erhaltenen Brief mit Muße lesen, eine Aufgabe noch einmal durchgehen, ein Kapitel in einem Buche nachschlagen kann. Man kann doch wirklich dem ersten Zähnchen eines fremden Kindes kein solches Interesse entgegenbringen wie die beglückte Mama. Auch bleibt man fremden Dienstbotenfehlern gegenüber kühl wie ein Hundeschnäuzchen, eben in der boshaften Freude, dass es anderen auch so geht und besagte, vielmehr ausgerichtete Dienstboten nicht unserem Hause angehören.

Wenn sich der Hausherr auf eine Speise freut und kapriziert und die Hausfrau eben alles dazu besorgen soll und sich beklagt, dass der komplizierte Geschmack ihres Eheliebsten ausgerechnet an einem Waschtag zum Ausdruck kommt, so gehören solche Klagen ebenfalls nicht vor das Forum des fahrenden Publikums, und wenn man das Bedürfnis nach Mitteilung hat, so soll die Unterhaltung im Flüsterton (natürlich, bei diesen Themen kommen die Damen leicht in Ekstase) geführt werden.

Es möchten schweigen, die da wandern, sonst belästigen sie die andern.

16. Februar 1913

Wartehallen der städtischen Straßenbahn

Beim Herannahen des strengen Winters ist es wohl angebracht, an die Verwaltung der städtischen Straßenbahnen die Bitte zu richten, eine Vermehrung der Wartehallen vorzunehmen. Auf der Ringstraße sind deren wohl sehr viele, aber auch die Bewohner der anderen Bezirke sind zu Schnupfen und sonstigen Erkältungen geradeso geneigt wie die Insassen des bevorzugten Ringstraßen-Rayons. Namentlich an einigen recht zugigen Stellen, in der Nähe von Straßenkreuzungen und auf freien Plätzen, ist es oft ein geradezu beklagenswerter Anblick, bei Sturm, Regen und Schneegestöber die Passagiere, darunter oft Frauen mit kleinen Kindern, lange auf die Wagen warten und mit den Unbilden des Wetters kämpfen zu sehen. Auf einige Wartehallen wird es der Verwaltung wohl nicht ankommen und das Publikum wäre sicher sehr dankbar dafür.

Eine für viele
16. Jänner 1910

Ungeheizte Straßenbahnen in Wien

Bei kalter, feuchter Witterung gehört der Aufenthalt in einer Wiener Straßenbahn nicht gerade zu den Annehmlichkeiten. Einem Ondit zufolge sollen die Wagen an besonders kalten Tagen geheizt werden, die Heizvorrichtung ist aber eine durchaus ungenügende. Das Wiener Publikum ist jedoch langmütig, geduldig, ich möchte sagen: wie die Lämmer! Ist es so lange gegangen, geht es auch weiter so!

Zwar ist schon viel von berufener und unberufener Seite gesagt und geschrieben worden, aber die Direktion der Straßenbahn hat sich bis jetzt gegen eingegangene Petitionen als taub erwiesen. Das liebe Wiener Publikum ist mit den hohen Fahrpreisen und ungeheizten Wagen zufrieden. Ebenfalls zufrieden mit dem ruhigen Verhalten des Wieners sind die Aktionäre und die Direktion. Aber – ist die Straßenbahn für das Publikum oder das Publikum für die Straßenbahn da?

6. Februar 1910

Rechtsgehen auf den Straßen

Viele werden wohl schon das Unangenehme des Durcheinanderlaufens empfunden haben. In anderen größeren Städten habe ich das nie so bemerkt wie in Wien. In den Straßen mit starkem Fußgängerverkehr ist es mitunter unmöglich, durchzukommen. Der Verkehr könnte sich viel leichter abwickeln, wenn die Passanten rechts ausbiegen würden, wie es im Wagen- und Radfahrverkehr geübt werden muss.

Die Trottoirs sind doch breit genug, um sie in zwei Reihen rechts und links passieren zu können, besteht man aber auf dem Vorsatz, nur rechts zu gehen und rechts auszubiegen, so hat man, ehe man sich's versieht, verschiedene Puffe und Stöße weg, wird auch häufig noch mit gerade nicht sehr liebenswürdigen Reden bedacht. Es ist mir schon passiert, dass, als ich an der Häuserreihe entlangging, also nicht mehr ausbiegen konnte, Entgegenkommende direkt vor mir stehen blieben mit einem Ausdruck in den Augen wie: „Nun, machst du Platz oder nicht?", und wenn ich nicht bis zum jüngsten Tage stehen wollte, musste ich nach links. Eine Dame blieb einmal 3–4 Minuten vor mir stehen, bis ich mich umdrehte und wieder zurückging, da erst ging sie mit dem Worte „unverschämt" weiter. Ja selbst in Reihen zu drei oder vier nebeneinander fällt es niemandem ein, den Entgegenkommenden Platz zu machen. Also, wollen wir Frauen es nicht mal versuchen, das Rechtsgehen?

11. September 1910

Erratum

In unserer vorigen Nummer hat sich ein unliebsames Versehen eingeschlichen, indem unter der Marke: *„Rechtsgehen auf den Straßen"* das Ausweichen nach rechts empfohlen wurde. Selbstverständlich muss es, den bei uns in Wien und überhaupt in Österreich herrschenden Verkehrsgebräuchen entsprechend, heißen: *„Linksgehen auf den Straßen"*. Es liegt uns völlig fern, eine von dem Herkommen abweichende neue Sitte predigen zu wollen, wir sind in diesem Falle ein Opfer des Druckfehlerteufels geworden.

18. September 1910

Kinderwagen auf dem Trottoir

Mit großer Freude wurde vor mehreren Jahren die polizeiliche Erlaubnis, Kinderwagen auf dem Trottoir fahren zu dürfen, begrüßt; ist es doch nicht nur für die den Wagen schiebende Person viel angenehmer, auf der sauberen Fußbahn fahren zu dürfen als auf der oft nassen, schmutzigen Straße oder dem mehr oder weniger holprigen Pflaster – auch den kleinen Insassen der Wagen, die früher durch die Erschütterung auf dem Pflaster viel zu leiden hatten, kommt diese Neuerung zugute. Auch kann man ruhig seinen Wagen schieben, ohne in Gefahr zu kommen, umgefahren zu werden. Wagte man sich aus Angst vor scheuenden Pferden früher einmal auf das Trottoir, so wurde man sicher in der nächsten Minute heruntergewiesen.

In dankbarer Würdigung der jetzigen Erleichterung mögen aber auch die lieben Mütter und Kinderwärterinnen mehr Rücksicht auf das Publikum nehmen und so fahren, dass die übrigen Passanten nicht belästigt werden. Die Trottoirs unserer Stadt sind doch überall hinlänglich breit, sodass die Kinderwagen nicht gerade in der Mitte derselben gefahren werden müssen; wie oft sieht man, dass Damen, um nicht von den Rädern beschmutzt zu werden, deswegen über die Bordkante heruntertreten müssen. Noch rücksichtsloser aber ist es, wenn zwei oder, falls angängig, gar drei Wagen nebeneinander gefahren werden, nur, damit die betreffenden Personen sich recht bequem unterhalten können! Etwas mehr Rücksicht auf die übrigen Fußgänger wäre hier sehr am Platze!

Frau Marie M.
3. April 1910

Es ist wohl richtig, dass Personen, die *Kinderwagen* fahren, auf die *Passanten* Rücksicht nehmen sollen. Ich möchte aber auch aufmerksam machen, dass es Leute gibt, die um keinen Preis einem Kinderwagen auch nur um einen Schritt ausweichen würden. Wie oft stehen Personen mitten auf dem Trottoir vor einer Auslage, sehen einen Kinderwagen herfahren und rühren sich nicht einen Schritt von der Stelle. Oder eine Person geht oft in der Mitte eines breiten Trottoirs so, dass man weder rechts noch links vorfahren oder vorbeifahren kann. Natürlich wird dann geschimpft,

ohne dass sich solche Leute sagen, dass ja ein Fußgänger dem andern auch ausweichen muss und man überhaupt so gehen soll, dass jemand, der hinter uns kommt, auf einer Seite bequem vorgehen kann. Also bitte um gegenseitige Rücksicht! Man kann übrigens die Erfahrung machen, dass Kutscher viel eher einem Kinderwagen ausweichen als Passanten, denen es doch leichter ankommt.

31. Juli 1910

Verhängnisvolle Kinderspiele

Gar nicht so selten kommt es vor, dass Kinder, die kurz vor der Elektrischen die Straße kreuzen, überfahren und getötet werden. Die Unsitte, möglichst dicht vor der Elektrischen über die Schienen zu laufen, herrscht leider auch bei vielen Kindern, und man muss sich wirklich wundern, dass nicht öfter noch von traurigen Unglücksfällen zu berichten ist; jedenfalls ist das nur der großen und gewissenhaften Aufmerksamkeit der Fahrer der elektrischen Bahnen zuzuschreiben.

Man beobachte einmal das Treiben der Kinder, besonders in den Vorstädten! Wenn der Lenker des Wagens dort eine große Strecke ohne Hindernisse übersieht, glaubt er nun flott darauflos fahren zu können, um vielleicht die im Gedränge des Zentrums versäumte Zeit einzuholen. Da löst sich plötzlich aus einer am Rande des Weges spielenden Kindergruppe ein größeres Mädel oder ein gewandter Junge los und legt eine Ehre darein, noch kurz vor der Elektrischen die Straße zu überqueren. Sehr oft folgt aber auch eines der kleinen Geschwister, das noch recht unsicher ist und sowieso schon später als die Großen das Herüberlaufen wagt; dann kann man oft beobachten, mit welcher ungeheuren Aufmerksamkeit der Fahrer auf dem Posten sein muss, um ein Unglück zu verhüten. Bei solch frevelhaftem Spiel gefährden die Kinder nicht nur ihr eigenes Leben und das der nacheifernden Geschwister, sondern machen auch den Fahrern ihr ohnehin verantwortungsvolles Amt noch schwerer.

Ebenfalls sehr tadelnswert ist die Dreistigkeit der Kinder gegen Radler. Nicht immer sind Letztere schuld an den fast täglich passierenden Unglücksfällen, sondern auch hier täte man gut, die Erwachsenen vor den Kindern zu schützen. Dabei nimmt das Publikum fast stets die Partei der „unschuldigen Kinder", die besser eine gute Tracht Prügel zu ihren leichten Verletzungen dazu verdienten.

Nur die Eltern können hier helfen und erzieherisch auf die Kinder einwirken; es täte sehr not, Kindern, die man auf die Straße zum Spielen schickt, einzuschärfen, dass sie die Gefahr nicht herauszufordern haben und rücksichtsvoll gegen ihre Mitmenschen werden.

Eine, die gern auf dem Vorderperron der „Elektrischen" steht

26. Mai 1912

Hygiene und Sauberkeit

Unsaubere Gewohnheiten

Man sagt den Frauen nach, dass sie überaus findig seien in Anwendung kleiner Hilfsmittel, im Auffinden kleiner Ersatzwerkzeuge für Handgriffe, wenn das eigentliche Gerät nicht zur Hand ist. Welche Frau würde z. B. nicht sofort ihren Schuh ausziehen und den Hacken als Hammer verwenden, wenn sie zum Nageleinschlagen gerade keinen Hammer zur Hand hat?

Eines der beliebtesten Werkzeuge in Frauenhand ist aber wohl die Haarnadel. Geradezu uferlos ist die Verwendung dieses nützlichen Gegenstandes neben und außer seiner eigentlichen Bestimmung. Als Schuhknöpfer und Schließe, als Schnürnadel und wer weiß was sonst noch alles muss die geduldige Haarnadel herhalten – mag sie, das ist Geschmackssache.

Nur gegen eine Verwendung, die man öfter zu beobachten Gelegenheit hat, muss laut und energisch protestiert werden. Gehen Sie einmal über den Markt oder durch die Markthalle, verehrte Leserinnen, und werfen Sie einen Blick auf die behäbig vor ihren Butter- und Eierkörben sitzenden Bauersfrauen. Da tritt eine Käuferin heran und fragt nach Butter; preisend mit viel schönen Reden weist die Händlerin auf den goldigen Klumpen, den sie bewacht. „Probieren Sie mal!“, heißt's dann weiter, und flink, ohne sich einen Augenblick zu besinnen, greift die Hand der Käuferin nach ihrem Haaraufbaue, entzieht demselben eine Haarnadel und fährt mit dieser in den Butterklumpen, ein Stückchen des goldigen Fettes entnehmend, es zum Munde führend und mit Kennermiene kostend. Nach Benutzung wird die Haarnadel wieder ins Haar versenkt ... So zu sehen – nicht ganz selten – auf unseren Märkten.

Wird die Haarnadel nicht zu Hilfe genommen, so tut's auch ein durchaus nicht immer einwandfreier Finger mit deutlicher Halbtrauer an den Nägeln ... Die Händlerin sieht seelenruhig zu – ihr verschlägt das Verfahren augenscheinlich nicht wie anderen Leuten den Appetit an ihrer Butter. Jedenfalls sollten „andere Leute“, die den oben beschriebenen Anblick genießen, aber um den Stand einer Händlerin, die dergleichen Unappetitlichkeiten duldet, weit herumgehen.

Muss durchaus die Butter probiert werden, so mag ein sauberes Messerchen dazu dienen; die Finger oder gar die beliebten Haarnadeln dazu zu gebrauchen, ist eine Unsauberkeit, die nicht scharf genug an den Pranger gestellt werden kann, und die man einfach mit einer Geldstrafe belegen sollte!

Frau L. M.

21. Mai 1911

Der Transport von Brot

Bestehen denn über den Transport von Brot keine gesundheitspolizeilichen Vorschriften? So wäre man oft versucht, zu fragen, wenn man die überaus unappetitliche Art und Weise des Brottransportes auf den Wiener Straßen sieht! Selbst das Fleisch, das doch vor dem Kochen gewaschen wird, muss zugedeckt sein! Nur das Brot sieht man in offenen Körben, die auch nicht immer weiß gescheuert sind, über die Straße transportieren. Vielleicht haben meine Mitleserinnen schon einmal die Hände der Landbrotkutscher betrachtet, die ihnen die Gottesgabe ins Haus bringen und die oft förmlich nach Seife schreien! Da die meisten Hausfrauen das Brot vor dem Anschneiden leider nicht abwaschen, liegt es auf der Hand, dass hier direkt gesundheitliche Gefahren entspringen können. Darum fordere ich für jedes Brot einen sauberen Papier- oder einen anderen, leicht abwaschbaren Umschlag.

Frau Alma S.

3. Dezember 1911

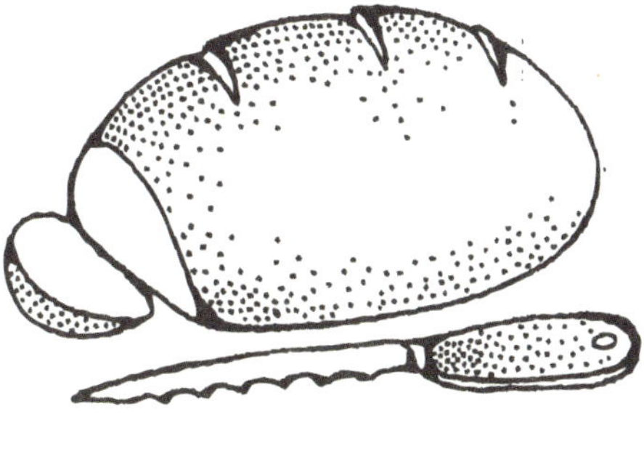

Unhygienisches aus den Markthallen

Ja, verehrte Hausfrauen, es gibt Unhygienisches in unseren Markthallen, trotz einschränkender Polizeiverbote, trotz aller Reinlichkeit, die sich die Verwaltung bemüht, hier aufrechtzuerhalten, und dies Unhygienische wird von den Käuferinnen selbst in diese Räume getragen. Geht man durch die Hallen, dann beobachtet man in ungezählten Fällen, wie ungeniert ausgespuckt wird – ausgespuckt in diesen geschlossenen Räumen, wo der getrocknete Auswurf wohl zerstieben, aber nicht entweichen kann, wo er sich auf all die ausgelegten Nahrungsmittel als feiner Staub verteilt und seine Verderben bringenden, mikroskopischen Bazillen mit ihnen in zahllose Familien verschleppt werden, wo sie überall Gelegenheit haben, schwere, unheilvolle Krankheiten weiter zu verbreiten.

Sieht es schon ekelhaft und unerzogen aus, wenn eine Frau auf der Straße ausspuckt, so sollte sie es umso mehr vermeiden, solch schlechten Manieren in der Markthalle nachzugeben, wo sie Tausende durch ihre Nachlässigkeit und Unmanieren zu Schaden bringt. Menschen, die spucken, sollten von den Aufsichtsbeamten aus der Halle gewiesen werden. Schließlich hat doch jedermann ein Taschentuch bei der Hand, wenn er das Ausspucken glaubt nicht verhindern zu können. Ist das ungenierte Spucken auf den Erdboden schon immer und überall grässlich, so ist es geradezu ein Verbrechen, wenn es in den geschlossenen Markthallen ausgeübt wird.

Vielleicht könnten die Frauen sich auch gegenseitig erziehen, wenn einer Spuckenden die Empörung, die sie hervorruft, seitens der anderen deutlich gezeigt würde. Sie würde sich doch wohl das nächste Mal schämen und das Spucken unterlassen.

Eine alte Hausfrau
13. November 1910

Straßenungezogenheiten

Traurig, aber wahr – zu „ein bisserl schimpfen und räsonieren", da geht einem in unserer lieben Wienerstadt der Stoff nicht aus. Nicht, dass ich am Ende nicht an Wien hänge, du lieber Himmel! Nicht auf 24 Stunden geh' ich weg. Aber gerade, weil ich immer da bin, darum kenne ich Land und Leute, und wann man da alleweil so zuschaut, da kriegt man wirklich manchmal einen rechten Zorn. Ich will meine Wiener gewiss nicht beleidigen, ich halt' sie sehr hoch, denn ich bin ja selbst eine alte Wienerin, aber es kommt doch so manches vor, was gar nicht in Ordnung ist und nicht sein müsste.

Und deshalb ist's ganz gut, dass man zuweilen jemandem ein Klampfel anhängen kann! Erstens redet sich ein jeder gern Gift und Galle von der Seele und zweitens nutzt es am Ende doch etwas, wenn recht viele über eine und dieselbe Sache schimpfen.

Dass ich also gleich bei einem Übelstand anfang', der immer ärger wird, will ich vor allem von dem Leichtsinn reden, durch den viele, leider sehr viele Leut' die geraden Glieder und die Gesundheit ihres Nebenmenschen aufs Spiel setzen. Gerade jetzt, in der Obstzeit, ist es am ärgsten. Es ist zwar ein wahres Glück, dass bei der allgemeinen Teuerung doch einige Obstsorten dieses Jahr ziemlich billig sind, sowie auch, dass man mit Vergnügen beobachten kann, dass das sehr günstig auf das Allgemeine wirkt. Man sieht jetzt z. B. sehr oft Männer, die mit Appetit Wassermelonen essen und das ist doch viel schöner, als man muss sehen, dass ein Mann zum Branntweiner geht und einen Schnaps trinkt.

Auch für die Kinder ist es gesund, wenn sie Obst essen, aber die Unart, dass man die Kerne oder die Obstschalen gleich wegwirft, ohne zu schauen wohin, das soll halt doch nicht sein. Der Erste stoßt daran, der Zweite tritt darauf und der Dritte fallt hin. Wenn man jetzt bei einem Markt vorbeigeht, da schaut es aus, dass es ein Graus ist. Ganze Stücke Melonen, Paradeiser, gefaulter Zwiebel, die Endstücke von die Salzgurken, Feigenhaut usw., über das alles kann man stolpern, rutschen, hinfallen und sich die Arme und die Füße brechen oder gar gleich tot liegen bleiben, was erst kürzlich vorgekommen ist. Ein alter Herr ist über eine Pomeranzenschale gestürzt und hat sich die Schädeldecke eingeschlagen.

Und trotzdem so viel Unglück geschieht, wird's nicht anders. Gar um die Märkte herum sollte doch ein bisserl eine strengere Aufsicht sein. Es sieht ja gewiss ein jeder ein, dass nicht bei jedem Obststand ein Wachmann stehen kann, aber das Wegwerfen von Obststücken sollte entschieden verboten sein, und die Leute sollten Strafe zahlen. Dann würde es ganz gewiss anders, denn zahlen tut doch keiner gern. So aber, wo dafür noch kein Verbot besteht, darf man sich nicht einmal rühren. Ich habe vor einigen Tagen eine sehr elegante Mama mit einem zehnjährigen Buben gesehen, die haben Zwetschken gegessen und die Kerne ganz einfach auf das Trottoir geworfen. Sag' ich zu dem Kleinen: „Schau, Buberl, das soll man nicht tun! Da kann sich jemand den Fuß brechen." Ehe ich noch ausgeredet hab', dreht sich die Frau Mama um und „hängt mir ein Maul an", wie der Wiener sagt, das sich gewaschen hat. Ob ich glaube, dass ihr Bub die Kerne schlucken oder ob sie ihm ein Tatzerl nachtragen soll usw. Zuletzt hat sie etwas von einer „alten Schapern" gesagt. Wenn schon ein Verbot bestanden wäre, hätte ich mir einen Wachmann gesucht, und dann wär' sie eingegangen! So aber haben die Leute noch mich ausgelacht, und ein junger Herr hat geschnofelt: „Wahr ist's! Was geht das denn die Alte an!" Da muss ich doch bitten! So etwas! Wenn etwas gemeinschädlich ist, geht es doch einen jeden etwas an, es kann auf die Art doch ein jeder ein Malheur haben!

Eine Hausfrau aus der alten Zeit

17. Oktober 1909

Der Mistbauer

Als ich heute früh aus dem Hause, in dem ich wohne, herauskam, hielt gerade der Mistwagen davor. Zehn bis zwölf weibliche Personen standen dabei. Der heftige Sturm, der um diese Zeit ging, riss an den Frauen und Mädchen, den Kistchen, die sie in den Händen hielten, und an den darin befindlichen Dingen herum. Aus dem Wagen aber fuhr wie rasend ein Strom von Staub die Straße entlang.

Es ist unbegreiflich, dass man in einer Stadt wie Wien in dieser Sache noch immer auf solch veraltetem Standpunkte steht. Man muss den Schmutz aller Art in seiner Wohnung lassen, bis der „Mistbauer" kommt. Das dauert eine halbe Woche; passiert es, dass man einmal das Läuten überhört und die Zeit verpasst, dann muss das Zeug eine ganze Woche stehen, was im Hochsommer oft einen üblen Geruch verursacht. Außerdem fällt beim Aufladen ein großer Teil des Staubes wieder auf die Menschen zurück. Es wäre doch wichtig, dass, wie in anderen Großstädten, in den Höfen der Häuser Kästen aufgestellt würden, in die man, so oft man will, den Kehricht leeren kann.

Frau Erna

12. Februar 1911

Die Zahnbürste

Es gibt ein allerliebstes Bildchen, auf dem drei kleine, wie Orgelpfeifen nebeneinanderstehende Kinder bei der Morgentoilette dargestellt sind, jedes von ihnen mit dem dicken Fäustchen eine Zahnbürste in das Mündchen führend. „Bravo", möchte man sagen, „so sollte jedes Kind jeder Familie angelernt werden." Aber wie sieht es in der Wirklichkeit, besonders in den mittleren und unteren Volksschichten unserer Stadt aus? Dass Hände und Gesicht einigermaßen rein sein müssen, wird ja in der Schule verlangt; ein wenig geniert sich so ein kleiner Schmutzfink auch schon vor den Kameraden. Aber der Mund und die Zähne stehen sehr häufig noch außerhalb des Bereiches jeder, auch der allereinfachsten Reinlichkeit.

Die Zahnbürsten in den Familien unserer „kleinen Leute" dürften zu zählen sein, und selbst wenn den Eltern und Kindern fast umsonst Zahnpflege geboten wird, bleiben die meisten Eltern gleichgültig und nachlässig, obwohl sich herausgestellt hat, dass mindestens 80% unserer schulpflichtigen Kinder schon mehr oder minder verdorbene und schlechte Zähne haben. Bekanntlich wirkt – von der Unappetitlichkeit ganz abgesehen – ein solcher Zustand auch ungünstig auf die Ernährung, und es ist deshalb vollkommen richtig, dass, um die Eltern fühlbarer an ihre Pflicht auch in dieser Hinsicht zu erinnern, jetzt der Vorschlag gemacht ist, als Ferienkolonisten nur solche Kinder zu berücksichtigen, deren Zähne in Ordnung sind.

Es wird so unendlich viel in sozialer Hinsicht für die Minderbemittelten getan, man sollte dann auch mindestens erwarten, dass sie von unserer Zahnklinik, wo nur zum geringen Kostenpreis die Zähne gerichtet werden, Gebrauch machen und nicht im altgewohnten Schlendrian verharren, wie es jetzt bei uns leider so häufig der Fall ist.

Frau L.

8. Juni 1913

Die Straßen Wiens

Wenn man nach längerer Abwesenheit, besonders nach einer Städtereise, nach Wien zurückkehrt, fällt es einem zunächst auf, dass in den Straßen ganze Mengen von Papierschnitzeln herumtreiben oder je nach dem Wetter liegen, fliegen oder auf dem Pflaster kleben. Kein Bezirk und keine Gasse ist davon verschont, und auch der Ring, unsere Prunkstraße, hat oft das Aussehen, als ob man ganze Säcke von Papierresten hier entleert hätte.

Ganz besonders auffallend sind die Schnitzel bei den Umsteigestellen der Straßenbahn. In den Waggons der Straßenbahn wird das Publikum durch Anschlag ersucht, beim Verlassen des Wagens die benützten Fahrscheine zu zerreißen. Es wird zwar nicht gesagt, dass man sie nachher wegwerfen soll, doch liegt es ja in der Natur der Sache, dass niemand die Papierschnitzel zurück in die eigene Tasche steckt. Bekanntlich wurde früher viel Unfug mit gebrauchten Fahrscheinen getrieben, was die Direktion zu dem Ersuchen an das Publikum veranlasst hat.

Es wäre dem leicht abzuhelfen gewesen, wenn man an den Umsteigestellen Papierkörbe aufgestellt hätte, ähnlich denen in den öffentlichen Gärten, zur Aufnahme der Fahrscheine und auch anderer Papierreste, wie z. B. Zeitungen, Obst- oder Maroni-Tüten. Wir werden ja in Wien mit Papieren reichlich versehen; an allen Ecken stehen z. B. Austräger, die den Vorübergehenden Zettel in die Hände drücken – und schon im nächsten Moment flattern diese ungelesen in der Luft.

Abgesehen von dem durch die Papiere hervorgerufenen unsauberen Aussehen der Straßen, wirken die Schnitzel gesundheitsschädlich, da sie den Straßenstaub noch vermehren. Daher mehr Papierkörbe! Auch vom nationalökonomischen Standpunkt wären gut angebrachte Körbe von Vorteil, da man die vielen Papierreste nutzbringend verwerten könnte, während sie jetzt in den Kehricht wandern.

5. Oktober 1913

Gegen die Staubplage

Dass die Straßenpflege in Wien sehr viel zu wünschen übrig lässt, ist eine bekannte Tatsache. In der heißen Jahreszeit und infolge der erhöhten Bautätigkeit wird die Staubplage noch unerträglicher. Trotz immerwährender Klagen ist bis auf Weiteres eine befriedigende Lösung dieser Frage leider nicht so bald zu erhoffen.

Aber auf einen großen Übelstand möchte ich hinweisen, dem sich ohne bedeutenden Kostenaufwand leicht abhelfen ließe. In den Abendstunden werden die Trottoirs gekehrt und dadurch riesige Staubwolken aufgewirbelt. Auch das Stiegenhaus reinigt man in den meisten Fällen trocken; darauf wird zum Überfluss das Geländer mit der Klopfpeitsche bearbeitet,

während es doch viel vernünftiger wäre, dies mit einem feuchten Tuche zu tun. All die nach des Tages Last und Mühen heimkehrenden Menschen müssen diesen Staub schlucken und auf ihren Kleidern mit nach Hause nehmen. Es braucht nicht erst hervorgehoben zu werden, wie ungeheuer schädigend dies für die Lungen des Großstädters ist, besonders nach anstrengender Berufsarbeit, wo die verminderte Widerstandskraft des Körpers schädlichen Einflüssen leichter zugänglich ist. Deshalb sollte man mit aller Energie trachten, so leicht zu vermeidenden Missständen abzuhelfen. In dieser Beziehung beschämt so manche kleine Provinzstadt die Residenz- und Großstadt Wien. Ich kenne selbst kleine Städte, in denen es strenge polizeiliche Vorschrift ist, Trottoirs und Plätze nur reichlich besprengt zu kehren, obzwar in den Häusern dort nicht die Wasserleitung bequem zur Hand ist. Die Anschaffungskosten einer Gießkanne dürften unsere Hausherren sicherlich auch nicht zu sehr belasten.

Nachdem auf allen Linien der Kampf gegen die Tuberkulose geführt wird, sollten sich auch alle Mietparteien vereinigen, um bei den Hauseigentümern oder den zuständigen Behörden das Verbot gegen das trockene Kehren in und vor dem Hause durchzusetzen. Ebenso wie man verpflichtet ist, im Winter die Trottoirs vom Schnee zu reinigen und bei Glatteis zu bestreuen, um Unfällen vorzubeugen, müsste für den Schutz der Lunge und der Atmungsorgane auch in dieser Weise gesorgt werden.

6. Juli 1913

Lärm und ähnliche Belästigungen

Mittagsruhe

Es ist eine große Unsitte, die nicht nur meine eigene Familie, sondern auch viele unserer Bekannten immer wieder stört, dass gerade in den Mittagsstunden, wenn der ermüdete Hausherr ein Weilchen der Ruhe pflegen möchte, in vielen Häusern andauernd Klavier gespielt wird. Muss diese vielleicht notwendige Übung aber gerade auf diese Zeit verlegt werden? Gibt es dazu keine andere Stunde? Nur ein klein wenig Nachdenken, ein wenig Hineinversetzen in das Denken und Fühlen anderer gehört dazu, um die diesen so wohltuende Rücksicht walten zu lassen. Nur wenn wir selbst rücksichtsvoll sind, können wir im gegebenen Falle auch von unseren Nächsten Rücksicht verlangen. Darum kein Klavierspiel in den Mittagsstunden. Tausende ermüdeter Menschen werden es euch danken, wenn sich Gelegenheit dazu bietet.

11. Dezember 1910

Schwatzekatarrh

Man ist es um diese Jahreszeit beinahe schon gewöhnt und fügt sich seufzend darein, dass in Konzerten und Theatern rings um einen herum in schönster Einmütigkeit gehustet, geniest und sich geräuspert wird. Es ist eben die Zeit der Erkältungen und des Verschnupftseins; und es bleibt dem Hörer, der kommt, um sich ein paar genussreiche Stunden in den oben erwähnten Lokalen zu verschaffen, nichts übrig, als sich mit Würde in das Unvermeidliche zu fügen und etwa daneben noch bei sich selbst über die Torheit und Tücke der Menschen zu philosophieren, die verschnupft und erkältet Theatervorstellungen und Konzerte besuchen, von denen sie unter den Umständen selbst nichts haben, an deren Genuss sie nun aber auch noch die andern hindern wollen.

Neben den allgemeinen Kehlkopf- und sonstigen Katarrhen ist aber seit einiger Zeit noch ein sehr böser neuer ausgebrochen, der *Schwatzekatarrh.* Er muss wohl geradeso schwer zu unterdrücken sein, wie das Husten und das Niesen, denn vor, hinter und neben einem wütet er ungeniert und aufdringlich. Man hat sich auf eine zarte Stelle im Pianissimo bei einem Konzertstück, das zu hören man kam, gefreut – aber hinter und neben einem sitzen vom Schwatzekatarrh Befallene und statt des Pianissimo im Saale hört man etwas über die neueste Scheidung, die neuesten Hüte oder die Last, die man mit den heutigen Dienstboten hat. Auf der Bühne redet in der

„Versunkenen Glocke" der Pastor dem Heinrich ernst ins Gewissen, oder Frau Alving in den „Gespenstern" erzählt von dem Leid ihrer Ehe – aber beider Worte gehen unter in den teuren Gemüsepreisen, die man unmittelbar neben sich recht verständlich diskutieren hört. Im Saale müht sich der Sänger oder die Sängerin ab, ihr Bestes zu geben; rein und voll gleiten die Töne über die Lippen, greifen uns ans Herz – und hinter uns hören wir einen Verkäufer seine neben ihm sitzende „Flamme" fragen: „Gehst Du morgen mit ins Kino?" oder: „Hast Du die große Revue gehört?"

Rechts, links, hinter, vor uns hat man den Schwatzekatarrh! Gibt's dagegen denn gar kein Mittel? Die Polizei schützt uns vor vielem, die Theaterdirektoren möchten ihre Gäste am liebsten in Watte packen. Wie wäre es, wenn sie sich einmal zu einer energischen Tat aufrafften und Plakate an die Wände hingen: „Personen, die während der Vorstellung schwatzen, werden ersucht, das Lokal zu verlassen." Nötigenfalls könnte der Logenschließer auf Beschwerde des Nachbarn einem solchen mit dem Schwatzekatarrh Behafteten ein wenig beim Verlassen des Lokals behilflich sein.

Gegen böse Krankheiten helfen nur drastische Mittel. Wer den Schwatzekatarrh hat, ist gemeingefährlich und gehört nicht in Theater und Konzerte!

Ein Theaterfreund

31. Dezember 1911

Weg mit den knisternden Konfekttüten im Theater und Konzertsaal

Wie viel ist schon über die Unsitte, übergroße Haarschleifen im Theater zu tragen, gesprochen worden, und doch herrscht dort oft eine weit größere Unsitte. Wenn wir den Worten eines Schauspielers lauschen, aufs Höchste gespannt, damit uns nichts entgehe, bekommt plötzlich eine naschlustige Dame Appetit, zieht ungeniert die möglichst tief im Pompadour versunkene Zuckertüte hervor und raschelt damit derartig laut, „dass wir sofort aus allen Himmeln gerissen werden". Nicht genug, dass solchen Personen Gefühl und Verständnis für die erhabene Sprache der Kunst abgeht, sie stören auch andere in ihrem Genuss. Gewiss, ich gebe zu, es gibt Leute, deren Magen oft etwas verlangt, die sich, durch langes Sitzen ermattet, mit einem Bonbon erfrischen wollen. Ist es denn aber nötig, diese Erfrischungen in knisternden Tüten aufzubewahren? Eine Dose, die freilich beim Schließen auch nicht laut schnappen darf, würde gewiss denselben Dienst tun. Bei der Aufführung eines klassischen Schauspiels kam ich erst im dritten Akte dazu, mich dem Genuss der herrlichen Dich-

terworte hinzugeben, denn da war endlich meine Nachbarin mit ihrer Konfekttüte fertig. Alles Zischen der umsitzenden Zuhörer hatte sie ruhig über sich ergehen lassen.

Frau Dr. Sch.

22. Mai 1910

Konzertfreuden

Wohl viele geneigte Leserinnen werden beim Konzertbesuche häufig die bedauerliche Erfahrung gemacht haben, dass sie in ihrer Nähe einen besonders musikalischen Menschen haben, der mit einer aufopfernden Konsequenz, die einer besseren Sache würdig wäre, mit dem Fuße den Takt schlägt. Mancher erkennt wahrscheinlich die tadelnswerte Unart und macht es verstohlen, oft unhörbar, doch merkt man es an dem rhythmischen Erzittern der Sesselreihen.

So geringfügig dies auch vielen vorkommen mag, so wird doch durch das nervöse Unbehagen ein Vertiefen in ein Orchesterwerk unmöglich gemacht und jeglicher Kunstgenuss in eine erregte Missstimmung verwandelt. Umso mehr dies, als man einem so ganz besonders „taktvollen" Menschen gegenüber völlig hilflos ist, der entweder außer Reichweite sein Unwesen treibt oder auf gütliche Vorstellungen nicht reagiert, da für ihn anscheinend in diesem Vergnügen sein einziges musikalisches Verständnis und sein ganzer Genuss liegt. Es ist wohl sehr betrübend, dass es Menschen gibt, die in ein Konzert gehen und z. B. bei der „Neunten“ von Beethoven kein anderes Vergnügen finden als die kindische Freude der Überzeugung, dass der Takt stimmt. Das Ärgerlichste ist aber dabei noch, dass man ihnen eigentlich nicht einmal „Mangel“ an „Takt“ vorwerfen kann.

14. April 1912

Kinder und Jugendliche

Kindervorstellungen

Ganz allerliebst und vorweihnachtlich für die Kinder waren die heuer wieder gebotenen Märchenvorstellungen in den verschiedenen Theatern. Ich selbst besuchte einige davon mit meinen Kindern; aber wie staunte ich, als im Raimundtheater im Stück „Wie Klein-Else das Christkind suchen ging" Bruder Fritzchen sein rotes Zünglein herausstreckte sowie eine recht nette lange Nase hinter einer alten Base machte und sie „alte Schachtel" benannte. Dass der kleine Schelm für uns Erwachsene damit ein ganz drolliges Bildchen abgab, will ich nicht bestreiten, aber dass diese Szene für die Kinder ebenso interessant war wie vielleicht zum Schluss die hübsche Weihnachtsszene, ist noch bestimmter.

Aber ich frage nun, wo bleibt da der erziehliche Wert des Stückes? Können diese hübschen Märchen nicht auch ohne die Unarten gespielt werden? Ich glaube, dass es mehrere Mütter gibt, die mit mir übereinstimmen werden, und bin neugierig, was man unsern Kindern nächste Saison für neue Unarten auftischen wird.

Eine Jungens-Mutter
28. Jänner 1912

Wie sollen unsere Kinder grüßen?

Ich sehe schon im Geiste das entrüstete Gesicht unserer werten Leserinnen, wenn sie den Titel dieser Plauderei überfliegen werden, und höre sie sagen: „Wie unsere Kinder grüßen sollen, wissen wir ja selbst." Doch möchte ich sie fragen, wie und ob ihnen der Gruß „Küss die Hand" gefällt, und ich hoffe, dass sie sagen, er gefällt ihnen nicht. Ich würde den Gruß schon eher gelten lassen, wenn der oder die Betreffende die Hand auch wirklich küssen würde, aber dies ist nur in den seltensten Fällen der Fall; außerdem sagt niemand den ganzen Gruß, sondern die Buchstaben werden zusammengezogen und das Ganze ist dann furchtbar anzuhören; darum hasse ich diesen Gruß, und es ist doch entschieden hübscher und artiger, wenn ein Kind „Guten Tag" sagt und die Hand küsst, als „Kstiand" (oder wie man es sonst sagt) und die Hand nicht küsst; bei kleinen Kindern, sagen wir bis zu einem Alter von zehn Jahren, klingt der Gruß gepaart mit einem Knickschen oft sehr hübsch, wenn sie aber älter sind, gefällt mir ein einfaches „Guten Tag" viel besser.

Wenn es nach mir ginge, so würde ich veranlassen, dass man dieses garstige „Küss die Hand" abschafft und das hübsche „Guten Tag" einführt. Aber das ist *meine* Ansicht, und nicht alle Mütter teilen sie mit mir. Und jetzt werden viele fragen: „Ja, wie sollen denn die Kinder beim Weggehen grüßen?" Und da sage ich den geehrten Leserinnen, sie sollen nur ganz ruhig

„Adieu" oder „Auf Wiedersehen" sagen. Und um jetzt nicht das Donnerwetter, das aus dem Munde der lieben Leserinnen über mich hereinbrechen wird, anhören zu müssen, empfehle ich mich mit einem herzlichen „Adieu".

3. Juli 1910

Mische dich nicht in die Angelegenheiten deiner Kinder

Bei der Unselbstständigkeit der Kinder mag dieser Rat so mancher Leserin etwas komisch anmuten. Und doch ist er gar wohl angebracht. Wie viel nachbarlicher Streit, gegenseitige Zänkereien und Reibereien würden vermieden, wenn die Eltern, namentlich die Mütter, nicht so unklug wären, sich in die kleinste Angelegenheit ihrer Kinder zu mischen.

Hier einige Beispiele: Ein kleiner Bube steht unter der Haustür. Ein größerer kommt vorbei, reißt ihm die Mütze vom Kopf und wirft sie nach wenigen Schritten fort, zufällig in eine Lacke. Der kleine Bube erhebt ein Gebrüll, als ob er am Messer stecke; die Mutter kommt auf den ersten Schmerzensschrei ihres Lieblings herbeigestürzt, erkundigt sich flüchtig nach der Ursache und stürmt dem großen Buben, den sie gerade noch um die nächste Ecke verschwinden sieht, nach. Zur Strecke gebracht, ergießt sich eine Flut von Schimpfwörtern über den Missetäter, wenn er nicht gar ein paar Ohrfeigen empfängt. Er brüllt aus Leibeskräften und schreit nach seiner Mutter. Einer Furie gleich kommt diese herbeigeeilt und die „freund-nachbarliche" Begrüßung ist fertig.

Ein anderer Fall: Nachbars Elschen ist trotz ihrer Jugend schon ein überaus altkluges, hochnäsiges Ding, das alle Kinder, die geringer gekleidet sind, über die Achsel ansieht und sie gelegentlich verspottet. Frau K. kann diesbezügliche Klagen ihres Mariechens nun nicht mehr länger mitanhören; sie stellt Elschen auf der Treppe zur Rede. Elschens Mutter kommt dazu, und fertig ist die Feindschaft. Nicht selten ist der endgültige Abschluss der ganzen Sache dann ein Gang zum Kadi.

Darum nochmals: Mischt euch nie, niemals in die Angelegenheiten Eurer Kinder, sondern lasst sie ihre kleinen Streitereien und Fehden selbst ausfechten.

Franz B.
31. Mai 1914

Eltern und Kinder

„Warum sind nur unsere Kinder so lieb- und respektlos?" fragen sich betrübt gar viele – ach! zu zärtliche – Eltern! Ich will euch, Vätern wie Müttern, einen Grund von vielen sagen. Woher sollen die Kinder Respekt lernen, wenn ihr euch zu ihnen übereinander beklagt! Da heißt es z. B.: „Ach, das ist nur eine Laune, eine Sekkatur von ihm (ihr)." Oder die Mutter schickt das Kind zum Vater, um etwas durch Betteln und Bitten zu erreichen, was er ihr schon abgelehnt hat; hat denn solch eine Frau keine Ahnung, wie schädlich dies auf das Kind wirkt, und welch ein Armutszeugnis sie sich ausstellt? Wieder ein andermal macht man seinem Unmut über den Gatten im Beisein des Kindes zu anderen in heftigen Worten Luft. Oder beide Teile fechten ihre Zwistigkeiten vor den Kindern aus, wobei ja meistens die Worte nicht auf die Goldwaage gelegt werden. Und so geht es fort, mit Grazie die ganze Kinderzeit hindurch.

Ja, wo soll da der Respekt herkommen, wenn das Kind die hässlichen Worte, die beißenden Bemerkungen auffasst, in sein Bewusstsein aufnimmt? Glaubt nur ja nicht, dass es noch zu klein ist, um dergleichen zu verstehen; Kinder achten ganz genau auf jedes Wort, jede Miene; sie sind die schärfsten, unbarmherzigsten Beobachter und Kritiker eures Tuns und Lassens, eurer Schwächen und Gewohnheiten. Und wenn die Mutter einschärft: „Nichts dem Papa sagen, sonst verbietet er dies und jenes", so verliert das Kind die Achtung vor der verheimlichenden Mutter oder dem seiner Meinung nach tyrannischen Vater. Sagt sie aber: „Wir werden gemeinsam Vater fragen", selbst wenn die bejahende Antwort schon vorher besprochen wurde, so geht er als höchste Instanz in des Kindes

Bewusstsein über, da wird eben das Wort: „Vater hat's verboten" ein wichtiges Argument in der Erziehung bilden, und noch viel später werden die Ratschläge der Alten respektvoll angehört, wenn auch nicht immer befolgt, werden.

Mit liebevoller Konsequenz, die weder leicht gewährt, noch versagt, sollten die Eltern ihre Kinder erziehen, stets im Einverständnis miteinander. Und wenn man einmal in Erziehungs- und Lebensfragen nicht gleicher Meinung ist, so zeige man dies nicht vor den Kindern, um nicht Zwiespalt in die empfänglichen Seelen zu senken und den Respekt nicht zu untergraben.

Sidonie R.
8. Februar 1914

Achtung vor dem Gesetz

Zu wiederholten Malen bot sich mir schon Gelegenheit zu beobachten, dass unsere Polizei, beziehungsweise die Sicherheitswache, bei den Erwachsenen in viel größerem Ansehen steht als bei der Jugend und den Kindern. Ganz besonders bei den kleinen Herren der Schöpfung kann man oft recht Erbauliches beobachten. Steht der betreffende Hüter der Ordnung Aug' in Auge mit solch einem oft kaum meterhohen Staatsbürger, da stimmt die Sache noch so ziemlich; zuweilen könnte man sogar glauben, der Mann des Gesetzes habe entschiedenen Eindruck auf den hoffnungsvollen Nachwuchs gemacht. Sowie aber der Polizist seiner Wege geht, kann man allerlei ganz nette Scherze sehen. „Lange Nasen“ werden im Rücken des Gewaltigen gedreht, die Zunge herausgestreckt usw. In solchem Falle sollte man glauben, dass die Begleitpersonen der Kinder oder mangels einer solchen auch fremde Leute die übermütigen Spötter zurechtweisen müssten. Dem ist aber nicht so. Zärtliche Mütter, wohlwollende Bonnen usw. versteigen sich höchstens zu den treffenden Aussprüchen: „Bist du aber ungezogen!“, „Aber, aber, das schickt sich doch nicht!“ Oder das beliebte Wort erklingt: „So schlimm sind die Buben!“ Die Fremden aber lachen und denken sich ihr Teil. Wie kommen sie auch dazu, Erzieher zu spielen; zieht man doch zumeist den Kürzeren, wenn man es wagt, der lieben Jugend wohlgemeinte Vorstellungen zu machen.

An den Eltern, den Erziehern, ja selbst den Lehrern und Lehrerinnen wäre es aber, die Kinder mehr über die Rechte und Pflichten, welche die Hüter der öffentlichen Ordnung auf der Straße haben, zu belehren, ihnen die Wichtigkeit derselben klarzumachen, ihnen begreiflich zu machen, wie mühevoll, verantwortlich, aber auch wohltätig und segensreich deren Ausübung ist. So aber wird besonders den kleineren Kindern der Wachmann gar oft als „Wau-wau" hingestellt, als der richtige Krampus in Uniform. „Wenn Du nicht folgst, kommt der Wachmann!", „Wenn Du schreist, holt Dich der Wachmann und sperrt Dich in die finstere Kammer!" usw. Da gibt es nun zweierlei Folgen. Entweder das Kind merkt, dass ihm der Wachmann kein Leid zufügt, und verliert den Respekt oder es glaubt an die Drohung und verliert das Zutrauen zu demjenigen, der im Fall der Not sein treuester Helfer sein könnte. Ganz kürzlich erst verlor in einem hiesigen Park eine sehr redselige Mama, die sich mit den Banknachbarn in ein höchst interessantes Gespräch eingelassen hatte, ihr vierjähriges Töchterchen. Erst irrte die Kleine planlos, aber ziemlich ruhig umher, als aber ein Wachmann ihrer ansichtig wurde und sich ihr nähern wollte, fing das geängstigte Kind aus Leibeskräften zu laufen an, kroch ins Gebüsch, sodass der Wachmann seine liebe Not hatte, sie zu fangen. Als er sie endlich in den Armen hielt, schrie sie nur fortwährend: „Nicht einsperren, nur nicht einsperren!"

Hätte man die arme Kleine gelehrt, sich im Bedarfsfall vertrauensvoll an einen Wachmann zu wenden, ihr gesagt, dass sie in allen Fällen Schutz und Hilfe bei ihm findet, wäre dem Kinde viel Kummer und Angst erspart geblieben.

Industrielehrerin
28. November 1909

Erziehet eure Söhne nicht zu Haustyrannen

Auf einem reizenden Kinderlätzchen standen die stolzen Worte: „Ich bin der Herr im Hause." Wenn man sich das herzige Kerlchen ansah, das dieses Lätzchen schmückte, musste man unwillkürlich lachen. Und doch geben diese Worte Grund zu weiterem Nachdenken. Dass man einem kleinen, hilfsbedürftigen Wesen alle mögliche Pflege angedeihen lässt, ist selbstredend, nur darf es nicht übertrieben werden, das Kind darf unter keinen Umständen zum Herrn des Hauses werden. Der heiß ersehnte Stammhalter ist geboren, und von dem Augenblicke an steht die ganze Hauswirtschaft auf dem Kopfe und das süße Baby wird zur Achse, um die sich alles dreht. Häufig hört man junge Ehemänner klagen, dass seit der Geburt des Kindes die Mutter taub und blind für die Wünsche des Mannes ist; keine gemütlichen Abendstunden, keine Aussprache, kein ruhiges Daheim. Wohl bringt so ein kleiner Weltbürger manche Veränderung mit sich, die im Hauswesen gefühlt wird, aber bei verständiger Behandlung und vorausgesetzt, dass das Kind nicht wirklich krank ist, lässt sich seine Pflege in ganz normale Bahnen lenken.

Die Kinder haben es bald weg, ob man ihnen jeden Wunsch erfüllt oder nicht. So wachsen die Söhne heran, und weil sie nicht gewöhnt wurden, auch einen anderen Willen als den ihren zu respektieren, so werden sie zu „Herren des Hauses", und mancher so erzogene Junge wird zum Schrecken der

Familie und des Gesindes, denn alle fürchten nichts mehr als sein Kommando.

Es ist etwas Schönes um die Rücksicht auf andere, die auch manchmal auf einen Wunsch verzichtet. Die jungen Männer müssen schon im zartesten Alter zur Ritterlichkeit angehalten werden, da ja schon naturgemäß bei ihnen die Brutalität leichter überhandnimmt. Man erzieht die Kinder nur für andere und wehe denen, welche neben einem solchen Mann leben müssen, welcher schon im Steckkissen der „Herr des Hauses" war!

Eleonore M.

29. Dezember 1912

Über das Zeitunglesen der Kinder

In heutiger Zeit wird so viel geschrieben und geredet gegen die Schundliteratur, die die Seelen unserer Kinder vergiftet, durch die mancher charakterschwache Jüngling zum Verbrecher wird. Gegen schlechte Detektiv- und Seeräubergeschichten, Kriminal- und Hintertreppenromane wird energisch zu Felde gezogen, Gott sei Dank! Aber was gleichfalls dem Geiste des Kindes schadet, ist das Zeitunglesen. Ich will damit absolut nicht gesagt haben, dass die Zeitungen zur Schundliteratur gerechnet werden dürfen; nichts liegt mir ferner als solch verkehrtes Urteil. Aber unseren Kindern sollten wir die Zeitungen nicht in die Hand geben. Ich weiß, dass die Kinder mit Vorliebe die Tagesblätter lesen, namentlich das „Vermischte"; aber gerade darin steht so manches, was dem Geiste des Kindes genauso schädlich ist wie das Lesen von „Nick Carter" oder sonstiger aufregender Sachen. Bis zum 14. Jahre sollte ein Kind überhaupt keine Zeitung lesen; sondern die Eltern sollten ihm daraus mitteilen, was es interessieren kann und seinem Verständnis angepasst ist.

Auch die Zeitungslektüre schon älterer Kinder sollte man unter Kontrolle halten. Wie dankbar bin ich meinen Eltern, speziell meiner Mutter, die uns das Zeitunglesen streng verboten hatte und uns strafte, wenn wir mal eine Zeitung in die Hand nahmen. Doch war etwas „Passendes" für uns darin, so gab sie es uns zum Lesen, und wir waren sehr stolz, wenn die Mutter uns sagte: „Lies das mal, das wird dich interessieren".

Noch heute kann mich eine Mordbeschreibung oder eine andere sensationelle Nachricht furchtbar aufregen; wie viel mehr aber muss ein Kind darunter leiden, wenn es so etwas liest. Fast täglich steht in den Zeitungen von Schülerselbstmorden. Hat man früher so viel davon gehört? Ich glaube nicht. Aber ein Kind liest im Tagblatt, dass sich ein Schüler in seinem Alter das Leben genommen hat wegen eines schlechten Zeugnisses oder eines kleinen Vergehens. Der Gedanke daran kommt ihm wieder, wenn es sich selbst in einer ähnlichen Lage befindet; und wenn es auch nicht gleich die Tat ausführt, der Gedanke daran versetzt ein Kindesgemüt schon in größte Aufregung und schadet ihm an Leib und Seele.

Darum, Ihr Eltern, wollt Ihr Euren Kindern gegenüber Eure Pflichten als gute Eltern erfüllen, ihnen ihre Seelenreinheit bewahren, verbietet ihnen das Zeitunglesen, und wählt nur solche Lektüre für sie, die ihrem Gemüte nicht schadet!

5. März 1911

Tauschgeschäfte

Eine unter unserer Schuljugend stark grassierende Unsitte ist die Sucht, eigene kleine Besitztümer gegen diejenigen der Kameraden und Freundinnen einzutauschen, weil der kindlichen Phantasie dasjenige, was einem anderen gehört, schöner und wertvoller erscheint als das eigene. Solange sich diese Tauschwut in angemessenen Grenzen hält, ist ja nichts dagegen einzuwenden; sehr häufig nimmt sie aber sehr bedenkliche Formen an. In der Sucht, das erstrebte Eigentum des Kameraden oder der Freundin an sich zu bringen, wird auch das hingegeben, was den Kindern zum Schulgebrauch von ihren Eltern gekauft wurde und von diesen oft nur mit Opfern erworben werden konnte. Bleistifte und Gummi, Federhalter und Federkasten und ähnliche Sachen, für die der Vater oder die Mutter das Geld bisweilen sauer erarbeitet haben, werden gegen ein buntes Bild, ein altes Messer oder irgendeine Leckerei eingetauscht, und gar nicht selten wird den Eltern gegenüber zu einer Lüge gegriffen: „Ich habe es verloren, ein Größerer hat es mir weggenommen“ und was dergleichen Unwahrheiten mehr sind, sodass aus dem harmlosen Tauschgeschäft ein schwerer sittlicher Schaden wird.

Größere und gewitztere Kinder kommen auch sehr leicht dazu, einige minderwertige Sachen als besser und wertvoller hinzustellen, als sie sind, ihre Mängel zu verschweigen und so den andern Teil hinters Licht zu führen. Ich selber hörte einmal einen aufgeweckten Knaben vergnügt zu seiner Mutter sagen: „Den Wilhelm habe ich aber angeschmiert! Was ich ihm für das Messer gegeben habe, taugt gar nichts!“ Und die verblendete Mutter lachte dazu!

Viel mehr als es bisher geschieht, müssten Eltern und besonders Mütter beim Fehlen von irgendwelchen kleinen Besitztümern ihrer Kinder genau nach deren Verbleiben forschen, damit die Kinder wissen, dass sie mit einer Lüge nicht durchkommen; und Lehrer und Lehrerinnen müssten die ihnen anvertrauten Kinder darauf aufmerksam machen, wie sauer es vielen Eltern wird, alles von den Kindern Gebrauchte anzuschaffen, und müssten

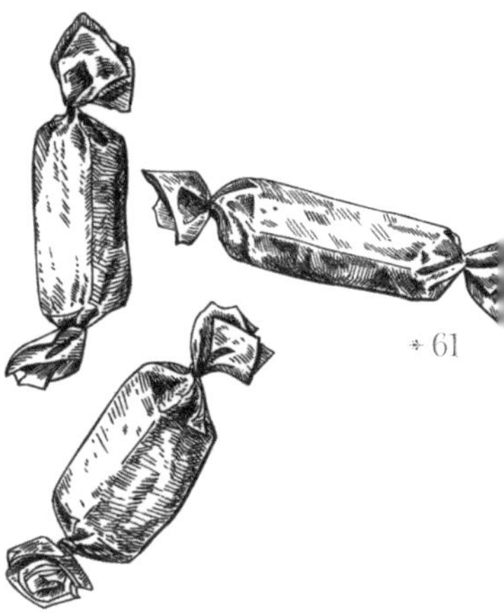

auch ihre Aufmerksamkeit auf solche Tauschgeschäfte richten. Sie würden sich den Dank vieler hart arbeitender Eltern damit verdienen.

Frau M.

21. April 1912

Ess- und Kleidertorheiten bei Schulkindern

Viele Mütter glauben, ihren Kindern etwas Gutes anzutun, wenn sie deren Frühstücksbrot mit Braten, gekochtem Ei, mit Schinken oder Wurst belegen. Sie meinen, diese Kost kräftige die Kinder, besonders die kleinen, schwachen und blutarmen. Aber die Mütter tun damit das Verkehrteste, denn Kindern ist nur gedient mit einer möglichst reizlosen und nährsalzreichen Kost.

Nicht Fleisch und Eier sind das richtige zum Frühstücksbrot unserer Schulkinder, sondern ein paar Äpfel oder Birnen, ein paar Feigen, Bananen oder Nusskerne. Und will die Mutter noch etwas Besonderes tun, so mag sie höchstens die Butter etwas dicker streichen als sonst. Früchte und Nüsse kräftigen das Kind weit mehr als die eiweißreiche Fleischzugabe, sie enthalten vor allem die für die richtige Blutmischung fürs körperliche und geistige Wohlbefinden, für Nerven- und Gehirnarbeit so nötigen Mineralien. Nahezu ideal in dieser Beziehung war die Ernährung der früheren Dorfjugend; vor Schulbeginn gab es eine Milch- oder Mehlsuppe, für die Frühstückspause eine derbe Schwarzbrotschnitte mit Topfen, Powidl, Honig, Sirup, mit Schnittlauch oder Brunnenkresse. Auch Radieschen und Rüben, Äpfel, Nüsse und gedörrte Zwetschken waren, je nach der Jahreszeit, bei den Buben und Mädeln sehr beliebt.

Kleidertorheiten finden wir fast nur bei den Mädchen. Zwar ist das enge Strumpfband, das den Blutumlauf erschwerte, glücklicherweise verschwunden; auch die Simpelfransen und die hohen „Frisuren", die den Zwölf- bis Vierzehnjährigen das Aussehen von frühreifen Achtzehnjährigen gaben, sieht man immer seltener. An ihre Stelle ist wieder der lang getragene oder rund um den Kopf gelegte Zopf getreten, der den Mädeln den Ausdruck des Natürlichen, kindlich Schlichten, Frischen bewahrt. Aber das enge Schnürleibchen, das die Entwicklung wichtiger innerer Organe unheilvoll unterbindet, wie der spitze Stöckelschuh, der den Gang, das Wachstum und die natürliche Schönheit des Fußes beeinträchtigt, werden heute von einzelnen Müttern für ihre Töchter sogar bevorzugt.

Auch sonst sind manche unserer Schulmädchen, besonders aus dem wohlhabenden Mittelstande, schon recht damenhaft eitel. So treiben die kleinsten Mädels einen bedenklichen Luxus mit Haarschleifen, und die Zumutung, für die Schule eine Schürze umzubinden, empfinden sie beinahe als Beleidigung. Selbst recht natürliche und von Hause aus schlicht erzogene Mädchen machen zuletzt solchen Unsinn mit, weil sie sonst von den anderen eitlen Dingern nicht für voll angesehen werden.

Zu Hause gibt's nicht selten Zank und Tränen, weil die Kleine unbedingt auch breite Atlas-Haarschleifen und Glanzlederhandschuhe haben und zweiter statt dritter Klasse aus dem Vorort zur Stadt in die Schule fahren muss, wie diese oder jene Freundin, die es vielleicht am allerwenigsten nötig hätte. Und weil's nun heutzutage einmal so ist, weil das gebildete höhere Töchterchen nicht todunglücklich gemacht werden darf, macht manche Mutter diese Moden mit und zwackt seufzend ein paar Mark mehr vom Wirtschaftsgelde ab. Und das muss sie auch noch heimlich tun, denn der Vater hat meist kein Verständnis für die damenhaften Bedürfnisse solch kleiner, dummer Mädel und würde bestimmt mit einem derben Wort dazwischenfahren, erführe er etwas von diesem kostspieligen Unsinn. Auch wir brauchten derartige „Kultur"-Erscheinungen, die auf den ersten Blick mehr komisch als tragisch wirken, nicht weiter ernst zu nehmen, wenn uns nicht der Gedanke störte, dass aus diesen Mädchen einmal Frauen und Mütter werden sollen.

26. Oktober 1913

Behandle deine Kinder nicht wie Schoßhündchen

Ist die Zeit der mühsamen Säuglingspflege vorüber und beginnt das kindliche Gehirn sich zu entwickeln, so naht die Zeit des Verstehenlernens, des Nachahmens und der Sprechversuche. Die junge Mutter vernimmt mit Wonne diese ersten Laute, verfällt aber nur zu leicht in den Fehler, sich der Kindersprache anzupassen. Das ist grundverkehrt und verdient scharf getadelt zu werden. Das geistige Innenleben des Kindes soll sich entwickeln und sein stark ausgeprägter Nachahmungstrieb ist ihm dazu die beste Stütze.

Sollen wir zu unserem Liebling hinabsteigen oder sollen wir ihn zu uns emporziehen? Wie lächerlich, wenn eine Mutter sagt: „Tomm, woll'n Piefelchen antieh'n" oder „Wo sind tlein Lottis Pümfe?" Die Mutter bemühe sich im Gegenteil, jeden Buchstaben klar und deutlich auszusprechen, und sie wird mit Freude bemerken, dass Kleinchen sich einer reinen Sprache befleißigt.

Läppisches Sprechen sowie übertriebenes Schmeicheln sind einer gediegenen Erziehung hinderlich, denn wer sein Fleisch und Blut wie ein Schoßhündchen behandelt, wird bald den Respekt untergraben.

Alberta K.

22. März 1914

Freundschaft, Beziehungen und Familie

„Meine Freundin ..."

„Ich gehe zu meiner Freundin", „Meine Freundin Soundso" – täglich hört man's von jungen und älteren Damen. Ganz gedankenlos wird es gesprochen, selbst wenn die Sprecherin die betreffende „Freundin" vielleicht erst einige Wochen oder nur sehr oberflächlich kennt. Freundin hier und Freundin dort, dutzendweise! Wie eine abgegriffene Münze geht das Wort „Freundin" unter den Frauen von Mund zu Mund, ungefähr als ob Kinder ahnungslos mit Goldstücken spielen, in der Meinung, es seien Spielmarken.

Freundschaft ist eines der besten, edelsten und kostbarsten Güter, die ein Mensch überhaupt besitzen kann. Aber wie jedes kostbare Gut ist auch sie selten, schwer zu finden, schwer zu halten. Was immer im Sprachgebrauch so vieler junger und älterer Frauen als „Freundschaft" bezeichnet wird, ist Talmi im Vergleich zu dem edelsten Golde einer *wirklichen* Freundschaft. Neunzig von hundert sogenannten „Freundinnen" sind nur mehr oder weniger „gute Bekannte", und man sollte ihnen auch nur diesen Namen geben. Feinfühlige Menschen lieben es durchaus nicht, sich als „meine Freundin" andern vorgestellt oder andern gegenüber so bezeichnet zu sehen, können es aber zu ihrem eigenen Bedauern nicht hindern. Jedenfalls gehen sie aber selber mit der Bezeichnung „meine Freundin" sehr sparsam um. Die „gute Bekannte" genügt für die allermeisten Fälle und kommt der Wahrheit viel näher als das gedankenlose „meine Freundin", eine Bezeichnung, gegen die sich manche innerlich auflehnt, ohne in der Lage zu sein, sich dagegen zu wehren.

19. Oktober 1913

Eigennützige Freundschaft

Ich habe einmal einen Artikel gelesen, der die Art und Weise geißelte, wie manche Leute unter freundschaftlicher Maske in Gesellschaft usw. den Rat eines Arztes einholten, um das Honorar für einen Besuch bei dem Arzt zu sparen. Nun möchte ich einmal meine Erfahrungen mitteilen in ähnlicher Sache.

Alle, die Schneidern gelernt und einen Kursus im Schnittezeichnen durchgenommen haben, wissen, dass dies ein Gutteil Geld kostet. Noch schwerer ist es, wenn man in äußerst beschränkten Verhältnissen lebt. Als ich vor 15 Jahren ausgelernt hatte, war mit einem Male die Arbeit alle. Ich musste mich nach etwas anderem umsehen und verdiente erst pro Woche sechs bis sieben Kronen und später steigend. Später fing ich privat an zu arbeiten und hatte, da es an Verbindungen fehlte, auch öfter nichts zu tun. Es ist nicht zu beschreiben, wie schwer ich mich habe durchkämpfen müssen, ehe ich so einigermaßen mein Auskommen hatte, und so ging und geht es noch heute vielen anderen.

Nun möchten sich andere Leute die so mühsam und teuer erworbenen Kenntnisse zunutze machen und wollen solche mühelos erwerben. Mit mehreren Familien verkehren wir freundschaftlich, und da sehen die andern, wie billig es ist, wenn man sich die Sachen selbst macht, und möchten es auch so haben. Dann, eines Sonntags, nach einer überaus arbeitsreichen Woche, wo manche halbe Nacht gearbeitet worden ist, gedenke ich mich zu erholen und besuche mit meiner Familie unsere Freunde. Dort ist schon vorbereitet. Im Laufe des Nachmittags beim Gespräch, welches häufig auf die Schneiderei gelenkt wird, wird schon versucht, mir so viel wie möglich von meinen Kenntnissen zu entlocken. Dann heißt es mit einem Male: Ich möchte Ihnen mal was zeigen; ich will mir eine Bluse machen oder ein Kleid ändern oder etwas zuschneiden usw. Nun hilft kein Sträuben, keine Abwehr, es wird gezeigt, um Rat gebeten, und ich kann mich dem nicht entziehen oder ich müsste grob werden. Dabei sage ich immer wieder meinen Bekannten, dass ich

gern bereit bin, ihnen gegen Bezahlung alltags ihre Sachen zu schneidern, anzuprobieren oder einzurichten, aber keiner macht Gebrauch davon, denn das kostet ja Geld.

Dagegen habe ich niemals Hilfe und muss bei jeder Besorgung die Kinder mitschleppen. Dadurch bin ich nun sehr misstrauisch geworden und möchte mit niemand verkehren, doch will mein Mann auf den Verkehr mit seinen Freunden nicht verzichten und meint, ich solle nur tüchtig grob werden; doch geht dann dadurch auch die Freundschaft zugrunde. Wie schütze ich mich nun gegen die Ausnutzung, die mir immer wieder entgegentritt?

Frau Wilhelmine
27. August 1911

Dass Ihre Bekannten Ihre Kenntnis im Kleidermachen so ausnützen, ist gewiss unschön, umso mehr, als die Damen wissen, dass Sie doch für Geld arbeiten. Ich würde an Ihrer Stelle, sobald eine Bekannte mit einem solchen Anliegen an mich heranträte, erst scherzend erklären, „Heute ist Sonntagsruhe, die ich als gute Christin auch halte", zugleich sie freundlich auffordern, sich an einem der nächsten Wochentage in der Angelegenheit zu mir zu bemühen, wo ich ihr gern, wie jeder meiner geschätzten Kundinnen, zu Diensten stehe. Ich würde vielleicht noch im scherzhaften Tone hinzufügen: „Ich mache Ihnen auch als gute Bekannte einen Protektionspreis." Das dürfte Sie in Zukunft vor derlei Ansinnen bewahren, ohne dass dabei gerade die Freundschaft in Brüche gehen müsste.

24. September 1911

Wenn der Mann allein ausgeht

Wenn der Mann sich angewöhnt, allein auszugehen, so ist das immer ein schlechtes Zeichen, und die Frau sollte alles aufbieten, dies zu verhindern. Die Kinder dürfen da nicht als Hindernis angeführt werden, denn wenn ein lebenslustiger Mann erst einmal ausgeht, so findet er überall heitere Gesellschaft, und schließlich vermisst er seine Frau nicht nur nicht mehr, sondern wünscht ihre Begleitung gar nicht. Die Frau soll überhaupt immer zuerst dem Manne Freund und Kamerad sein, stets Interesse für sein Geschäft haben, sich auch Verständnis dafür aneignen, damit er mit ihr alles besprechen kann. Es wäre besser, den Kindern in diesem Falle nicht so viel Zeit zu widmen und immer nur diese in den Vordergrund zu stellen, denn dadurch erzieht man sich gar zu leicht kleine Tyrannen und treibt den Mann aus dem Hause. Mann und Frau sind schließlich unglücklich, und die Kinder haben ein trauriges Los im eigenen Elternhause, in dem Unfrieden herrscht.

Also, liebe Mitschwestern, macht erst dem Manne vor allen Dingen sein Heim gemütlich, erzieht die Kinder so, dass sie den Vater freundlich empfangen und ihm schon kleine Dienstleistungen tun, dann wird er gern nach Hause kommen. Außerdem soll die Frau auch einmal, wenn er es wünscht, mit ihm Vergnügungen aufsuchen, die ihr persönlich vielleicht nicht so viel Freude machen, und soll unmerklich versuchen, seine Interessen in eine andere Richtung zu lenken. Für die Kinder wird sich schon eine zuverlässige Frau finden und die Kosten der Beaufsichtigung werden beim Ausgehen zu zweien sicher gespart.

Es soll hiermit aber nicht gesagt sein, dass der Mann nie allein ausgehen sollte, im Gegenteil, zu einem gemütlichen Abendschoppen mit seinen Freunden wird eine verständige Frau den Gatten ab und zu gern allein gehen lassen, nur soll es nicht zur Gewohnheit werden. Aber mit ein wenig gutem Willen lässt sich sicher viel erreichen. Großreinmachen, Wäsche, Schneiderei und alle Haushaltungssorgen laufen uns nicht davon, aber unser Glück und unsere Zufriedenheit.

22. September 1912

Unarten im Familienkreis

Nicht immer ist das Los der Hausfrau ein so rosiges, wie sie es sich als Mädchen erträumt hat. Oft bereiten ihr kleine, fatale Angewohnheiten des Mannes, die er aus seinen Junggesellenjahren mit herübergenommen hat, viele Plagen. Vor allen Dingen ist es die Angewohnheit, für die Ordnung im Zimmer und unter seinen Sachen nicht selber zu sorgen, sondern andere helfende Geister in Anspruch zu nehmen.

Wie sieht das Schlafzimmer, wenn es der Mann verlassen hat, zumeist aus: Das Bett zerwühlt, Handtücher, Zahn-, Haar- und Kleiderbürsten, gebrauchte Wäsche, Morgenschuhe, alles liegt wie Kraut und Rüben durcheinander. Nun muss die Frau aufräumen, alles dies an den richtigen Platz legen. Was dem Manne vielleicht fünf Minuten mehr Zeit gekostet hätte, macht ihr nun dreifache Mühe. Eine Unsitte der Raucher, abgebrannte Streichhölzer und Zigarrenasche nicht in die dazu vorhandenen Behälter zu tun, sondern auf irgendeinen Gegenstand, der ihnen gerade zur Hand ist, am liebsten auf die Untertassen, wenn nicht gar auf den Teppich, raubt der Hausfrau viel Zeit, die sie besser anwenden könnte, und verursacht ihr manchen Ärger. Es ist keine Übertreibung, wenn man sagen hört, dass die Frau oft am Tage zwei Stunden braucht, um die Lässigkeiten des Mannes wieder gut zu machen.

Und dabei beruhen diese kleinen Unarten nur auf einem Sichgehenlassen, wofür die Frauen eigentlich selbst verantwortlich zu machen sind. Mütter sollten ihre Knaben ebenso sehr zur Ordnung anhalten, wie sie dies bei den Mädchen tun. Dass junge Ehefrauen ihren Mann verhätscheln, ihm jeden kleinen Dienst erweisen möchten, ganz besonders in den ersten Flitterwochen oder sagen wir Flitterjahren, ist wohl selbstverständlich. Doch aber sollte die Frau bedenken, dass die Sache auch ihre Kehrseite hat und dass aus lieben, kleinen Gewohnheiten oft Rechte werden, die später lästigfallen können.

10. November 1912

Buchhalterin und Ehe

„Das nette Mädel soll Buchhalterin werden? Stecken Sie sie in den Haushalt, damit sie sich bald verheiratet; als Buchhalterin nimmt sie ja kein Mensch", sagte neulich jemand, als die Rede auf ein junges Mädchen kam, das sich fleißig und eifrig auf eine Kontorstellung vorbereitete.

Allzu weit ist ja die irrige Meinung jenes Herrn verbreitet, dass eine Stellung im Kontor oder ähnlichem Berufe die Verheiratung so gut wie ausschlösse. Gedankenlos wird die Behauptung aufgestellt, gedankenlos weitergetragen und nachgesprochen, und es ist hohe Zeit, dass ihr einmal auf den Grund gegangen und ihre Haltlosigkeit ausführlich dargetan wird.

Eignet sich denn ein im Kontor tätiges Mädchen weniger zur Ehe? Vermindern sich mit ihrem Eintritt in ihren Beruf die Heiratsaussichten? Keineswegs, ich möchte eher das Gegenteil annehmen. Die Buchhalterin im Kontor, die im Berufe stehende Frau lernt zunächst einmal den Begriff Pflicht und Pflichttreue ganz anders kennen und sich ihm fügen, als es viele jener Mädchen, die im elterlichen oder auch fremden Haushalt – man möchte sagen – herumpfuschen. Tut dem Töchterchen im Elternhause etwas weh, so bleibt es im Bett liegen, und die Mama springt ein. Ist Gelegenheit zu einem Vergnügen, so übernimmt ganz selbstverständlich die Mama oder das Dienstmädchen die „häuslichen Pflichten" des Töchterchens.

Anders bei der Frau im Berufe. Da gibt es kein Aussetzen wegen eines Vergnügens, auch nicht wegen eines kleinen Übelbefindens. Die Pflicht, der Dienst geht vor, und das ist gut, denn es stählt den Charakter und lehrt Selbstbeherrschung. Ferner: Ein *nur* im Haushalt beschäftigtes junges Mädchen legt oft wenig Wert auf ihr Äußeres. Die Schürze ist unsauber, der Kragen „geht noch", wenn er schon lange „nicht mehr geht"; die Buchhalterin, die Verkäuferin oder sonst beruflich Tätige dagegen muss eigen und sauber aussehen, sie gewöhnt sich an Sauberkeit und Ordnung.

Also gerade die so notwendigen Eigenschaften der Frau in der Ehe: Pünktlichkeit, Fleiß, Sauberkeit, Pflichttreue lernt das junge Mädchen im Beruf ausgiebiger und ernster als dasjenige, das sich nur im Haushalt betätigt. Ausnahmen gibt es natürlich in beiden Lagern; ich möchte aber behaupten, dass ein von Natur schlampiges Mädchen noch eher im strengen Berufsdienst kuriert wird als bei nur häuslicher Arbeit, wo die Zügel doch meist etwas lockerer gelassen werden. Ein Mädchen, das pflichttreu und gewissenhaft einem Berufe nachgeht, wird sich auch pflichttreu und gewissenhaft in die Pflichten einer Ehe- und Hausfrau hineinleben und ihrem Manne durch die im Berufe erworbenen Kenntnisse und Eigenschaften eine bessere Hilfe sein können als ein nur im Haushalt tätig gewesenes Mädchen, das, wie die Erfahrung lehrt, in späterer Ehe es oft genug an Pflichttreue, Fleiß, Sauberkeit und Pünktlichkeit fehlen lässt.

Frau H.

15. März 1914

Ungleiches Maß

In manchen Familien ist es noch immer Sitte, die Töchter – auch wenn sie im Beruf stehen – in ihren Feierstunden zu allen Hausarbeiten heranzuziehen, während die Söhne keine derartigen Pflichten kennen und nur den Schwestern alle Arbeit verdoppeln. Was würde es einem jungen Beamten schaden, wenn er – gleich seinen Schwestern, die auch Beamtinnen sind – einen kleinen Teil häuslicher Pflichten zu erfüllen hätte? Die Herren Brüder wollen am Abend nach der Berufstätigkeit ein gemütliches Heim vorfinden, während sich ihre Schwestern hinsetzen müssen und die Kleider und Wäsche der Brüder ausbessern und dergleichen. Wenn man junge Leute ermahnt, ihre Anzüge in Anbetracht der aufgewandten Mühe etwas zu schonen, so erhält man recht oft die Antwort: „Ja, wozu sind denn meine Schwestern da? Die werden schon flicken, wenn etwas zerrissen ist. Sie sind ja ohnehin große Flickgenies!"

26. April 1914

Auf der Elektrischen

Ein junges hübsches Mädchen steigt ein und lässt sich vis-à-vis der Tür nieder. Ihr ganzes Wesen macht einen äußerst soliden Eindruck und ihr Sinn scheint durchaus nicht nach sogenannten „Eroberungen" zu stehen. Nichtsdestoweniger beginnt ein junger Mann auf der Plattform draußen seinen Schnurrbart unternehmend zu zwirbeln und heftet seine kühnen Blicke auf die junge Dame. Ruhig blickt sie erst seitwärts zum Fenster hinaus, doch langsam beginnt sie nervös zu werden, eine feine Röte steigt ihr in die Wangen und endlich trifft den verwegen Lächelnden ein großer, kühler Blick voll stolzer Unnahbarkeit.

Zum Glück wird am anderen Ende des Wagens ein Platz frei, den das junge Mädchen hastig einnimmt, froh, der Belästigung entronnen zu sein. Doch – o unglücklicher Zufall! – ihr Gegenüber steigt aus und statt seiner platziert sich dort der Herr von der Plattform, der sein dummdreistes Augenspiel von Neuem beginnt. Schon werden die anderen Wageninsassen aufmerksam und lächeln verständnisinnig-frivol, das junge Mädchen durchlebt noch einige peinvolle Minuten und verlässt darauf fluchtartig vor ihrem Bestimmungsorte den Wagen.

Dergleichen kann man oftmals beobachten, und die meisten Menschen teilen dabei die Entrüstung jener armen Opfer abenteuerlustiger Herrchen. Es wäre Letzteren sehr zu empfehlen, erst genauer hinzusehen, welcher Kategorie die betreffende Dame angehört, ehe sie das Kreuzfeuer ihrer dreisten Blicke eröffnen.

Sollte aber jemand wirklich von jener berühmten „Liebe auf den ersten Blick" angekränkelt sein, dann wäre ein feines, zartfühlendes Bewundern mehr am Platze als unablässiges Anstarren. Nichts vermag eine vornehm empfindende Frauenseele mehr zu empören als ein solches Benehmen, das sie in den Mittelpunkt einer stets schau- und spottlustigen Mitwelt stellt.

30. August 1914

Unangebrachte Zärtlichkeiten

Zweimal habe ich jetzt in der Elektrischen das Vergnügen gehabt, mir vis-à-vis ein Liebespaar sitzen zu sehen, und war beide Male erstaunt, welch ein Mangel von Schicklichkeitsgefühl diese jungen, der Kleidung nach den besseren Ständen angehörenden Leute hatten. Das war ein Gedrücke und Geküsse, welches auf andere einfach widerlich wirkte und jedenfalls in der Elektrischen nichts zu suchen hat.

Vielleicht kommen meine Zeilen den betreffenden oder anderen Pärchen zu Gesicht, und darum sei noch einmal der Mahnruf erhoben: Zärtlichkeiten gehören ins Haus und nicht vor einen Zuschauerkreis, der unter Umständen die Sache weit weniger harmlos auslegt als sie ist.

Auch sonntags abends in den Vorortzügen sieht man solch „Geknutsche" oft. Haben die jungen Mädchen, die es sich gefallen lassen, eigentlich gar kein Schamgefühl? Liebeszeichen und Zärtlichkeiten sollten doch anständigen Menschen zu heilig sein, um sie vor den Augen der Menge auszutauschen und dadurch zu profanieren.

Friedrich S.
25. September 1910

Dienstpersonal und Haushaltshilfen

Ein Wort zur Wiener Dienstbotennot

Lasst euch das Wohl und Wehe eurer Dienstboten mehr angelegen sein, und besonders der jungen. Der Untergebene wird für seine Mühe und Plage nicht nur mit Geld entlohnt. Ja, denkt da manche Frau, ich behandle meine Mädchen ja ohnedies nicht schlecht, ich sekkiere sie nicht unnötig, sie haben genug zu essen und pünktliche Bezahlung. Was soll ich mich weiter um sie kümmern? Wie weit ihr aber damit kommt, liebe Damen, werde ich euch aus eigener Anschauung erklären.

Als ich nach Wien kam, war ich 18 Jahre alt und am Lande schon vier Jahre bei einer Oberlehrersfamilie bedienstet. An die humane, ja patriarchalische Behandlung gewöhnt, fühlte ich mich anfangs in der Großstadt grenzenlos einsam. Die Gnädige rannte den ganzen Tag mit dem klirrenden Schlüsselbund herum, sodass es mir immer vorkam, als fühlte sie sich keine Viertelstunde vor Dieben sicher. Dieses Misstrauen peinigte mich derart, dass ich mich immer mehr in mich selbst verkroch, sodass kein überflüssiges Wort aus mir herauszubringen war. Die Dame hielt mich deshalb für mürrisch und verstockt. Ich glaube, bei so einem jungen Ding mit einem vierjährigen Zeugnis brauchte sich eine Frau nicht zu fürchten.

Wollte ich mich abends todmüde niederlegen, so musste ich ganz vorsichtig ins Bett steigen, sonst lag ich samt der Bettstelle zu ebener Erde. Vier bis fünf, mit allen möglichen insektenvertilgenden Substanzen förmlich durchtränkte Seegrasbündel, die wahrscheinlich vor einem halben Jahrhundert zu Matratzen gedient hatten und einen polizeiwidrigen Geruch ausströmten, waren mein Lager. Ein Grauen packte mich, wenn ich ins Bett stieg. Hätte ich damals schon den Verstand gehabt, so hätte ich der Dame hübsch meine Meinung gesagt, unbekümmert um den Vorwurf der Frechheit.

Da ich anfangs keine Freundin hatte, wurde ich bei meinen einsamen Spaziergängen oft belästigt und wäre häufig, anstatt auszugehen, zu Hause geblieben. Aber wenn die Herrschaft fortging, durfte ich auch nicht in der Wohnung bleiben, und war sie zu Hause, so hatte ich erst recht keine Ruhe.

Gleich wieder davonlaufen war mir schrecklich; so biss ich halt die Zähne zusammen und blieb ein Jahr und zwei Tage, nur, um ein Zeugnis zu haben. Was blieb mir anderes übrig, als mir eine Freundin zu suchen? Die und der Frohsinn meiner Jugend halfen mir über diese schreckliche Zeit hinweg.

In einem andern Hause war die Behandlung wieder sehr gut; man hatte in allem freie Hand, aber keine Seele, mit der man hätte ein Wort sprechen können. Die Dame war unnahbar, und würdigte ihre Köchin keines überflüssigen Wortes. Hat man hier nicht ein Mädchen neben sich, dem man sich in Freundschaft anschließen kann, so greift man zu dem von den Hausfrauen so verhassten Ausweg: Man tratscht mit den andern Mädeln im Haus; man lernt von ihnen, kurz und gut, man wird von den andern verdorben. Man fühlt sich mit jedem Tag von Neuem fremd, wird verbittert, egoistisch und mürrisch, mit einem Wort: Man rangiert zu den schlechten Dienstboten. Und doch liegt so oft die Hauptschuld an den Herrschaften!

20. März 1910

Kindermädchensünden

Die Großstadtverhältnisse bringen es leider mit sich, dass nicht alle Mütter sich ausschließlich ihren Kindern widmen können. Unendlich viele Mütter, durch Berufe außer Haus beschäftigt, müssen ihre größten Schätze, ihre Kinder, der Obhut Fremder anvertrauen. Wie sind nun diese Gehilfinnen der Mütter beschaffen? Mit ein paar grellen Schlaglichtern möchte ich diese „Schutzengel" beleuchten und darauf hinweisen, dass jede Mutter nur ein Kindermädchen nehmen sollte, das zum mindesten einen Kinderpflegekursus durchgemacht hat.

Beobachten wir ein ungeschultes Kindermädchen. Es ist ein schöner, aber kalter Spätherbsttag oder gar schon ein frischer Wintertag. Marie fährt das ihr anvertraute Kind aus. In den städtischen Anlagen harrt ihrer die angenehmste Unterhaltung, denn es haben sich gar viele befreundete Genossinnen eingefunden, die ihre Zünglein munter spielen lassen. Da wird die „Gnädige" durchgehechelt, das Essen getadelt, vom Liebhaber geschwärmt und geflunkert - und das Kind? Ja, das Kindchen wird einfach vergessen! Das Kindchen mag aber nicht immer so still sitzen bleiben. Sein lebhafter Spieltrieb erwacht - es will aus seinem beengenden Wagen heraus. Das gedankenlose Kindermädchen nimmt das kleine Wesen aus dem Wagen und setzt es einfach auf den kalten Sandboden nieder, ohne zu bedenken, welchen Schaden das noch schwache Baby an seiner Gesundheit nehmen kann; mag es doch herumkriechen, wenn sie nur in ihrer Unterhaltung nicht weiter gestört wird!

Dort wiederum kommt ein Kindermädchen, dessen Liebhaber sich am helllichten Tage bereits eingefunden hat. Sie hat ein drei Monate altes Baby zu betreuen. Eine einladende Bank verlockt zu einem Schwätzchen; das Liebespaar nimmt Platz. Das Kindchen im Wagen will aber nicht schlafen. Da wird der Wagen unbarmherzig hin- und hergestoßen, dass die Räder fast brechen; was das arme Würmchen dabei an seinem Köpfchen und Körperchen leidet, wird wohl nicht überlegt.

Ein drittes, größeres Kind will frei umherlaufen, denn volle Bewegungsfreiheit ist die höchste Lebenslust für Kinder. Aber das Kindermädchen will es durchaus fortführen, an einen Platz, wo es was zu sehen gibt. Das Kind will nicht mitgehen, da es ihm im geschützten Parke besser gefällt. „Na wart', du Racker, du kleine Kanaille, willst schon trotzen!" Mit Gewalt zieht die edle Wärterin das Kind von seinem Spiele fort – nicht bedenkend, welch traurige Wirkung ihre hässlichen Reden haben. Der Keim zu Widersetzlichkeit und Trotz wird so durch das Kindermädchen selbst gelegt. Das Kind beginnt seine Peinigerin zu hassen und wehrt sich aus Leibeskräften, denn seine goldene Freiheit will es instinktiv nicht missen.

Einen noch gröberen Fehler aber begeht die Wärterin, die, um das Kind zum Verlassen des Spielplatzes zu bewegen, ihm mit dem Wachmann droht: „Siehst du dort den alten Wachmann, der wird dich einsperren und du bekommst täglich nur Wasser und Brot und sehr viele Schläge mit dem Stock! Mach' schnell! Da kommt er schon!" Ängstlich kommt das arme Wurm nun gelaufen, denn die blasse Furcht hat es gepackt. Welchen Schaden an Leib und Seele diese unvernünftige Behandlung dem Kinde zufügt, davon geben sich diese oberflächlichen Mädchen natürlich keine Rechenschaft.

Kurz, welches Frauenauge sich auf Weg und Straße umsieht, das wird an den Gehilfinnen der Mütter gar manches entdecken, was zu den großen Erziehungssünden gehört.

Wiener Schriftstellerin
10. Dezember 1911

Unsere Dienstboten

Hochmut, Selbstsucht und Genusssucht, das sind die Haupteigenschaften, die nicht nur den größten Teil der Menschheit im Allgemeinen, sondern unsere dienende Klasse im Besonderen charakterisieren. Sie wollen sich nichts mehr von ihren Herrschaften sagen lassen und können nicht den geringsten Tadel vertragen. Zum Einleben in eine Familie haben sie nicht Zeit, denn Lust an Veränderung oder Aussicht auf höheren Lohn treiben sie meist bald von dannen. Sie brauchen ja auch viel Geld, denn wie selten ist jetzt ein Dienstmädchen, das nicht nach Putz und Vergnügen aller Art verlangt und sich beides auf alle Weise zu beschaffen sucht. Die wenigsten sparen sich noch etwas, das meiste wird für allerlei eitlen Kram vertan. Da sie nie längere Zeit in einem Hause bleiben, kann von Anhänglichkeit natürlich keine Rede sein. So hat man sich denn gegenseitig schnell vergessen. Es fällt schwer, sich nach Jahren noch auf die verschiedenen Annas und Emmas, Liesens und Lenens zu besinnen, die einander oft so schnell gefolgt sind und die man dann völlig aus dem Auge verloren hat.

Ich habe immer geglaubt, dass unsere Dienstboten sich mehr Mühe geben würden, ihren Posten in der menschlichen Gesellschaft würdig auszufüllen, wenn sie sich klarmachten, wie unendlich viel sie zur Wohlfahrt des Hauses und der Familie beitragen können, wie viel von ihrem Tun und Lassen abhängt. Hat es doch für jedes Menschenkind etwas Erhebendes und Erfreuliches, sich notwendig, ja unentbehrlich zu wissen.

Wie viele junge Mädchen dünken sich jetzt zu gut zum Dienen. Sie, oft auch ihre Eltern, wollen immer höher hinaus. Schneiderin, Putzmacherin, Maschinennäherin, Verkäuferin, Postbeamtin und Telegraphistin – dazu drängt sich alles, und doch ist es oft mehr als fraglich, ob ihre körperlichen und geistigen Fähigkeiten diesen Berufsarten gewachsen sind. In ihren Forderungen werden die Mädchen immer anspruchsvoller, in ihren Leistungen dagegen immer mittelmäßiger.

Eine Hausfrau
2. Juni 1912

Moderne häusliche Arbeitsleistung

Ich möchte kurz ohne Kommentar die Arbeit der „Hausgehilfin" von heutzutage skizzieren; die Nutzanwendung wird sich von selbst ergeben, d. h. die Erledigung der Frage, ob – wie die Mädchen jetzt immer behaupten – ihre Arbeit eine zu schwere, eine entwürdigende sei! Vorerst die Lagerstätte: kein Tafelbett, kein Waschen, kein Toilette-Aufbewahren mehr in der Küche wie einst! Reichlicher Lohn, genügende Kost sowie regelmäßiger Sonntags-, oft auch Sommerurlaub werden verlangt und bewilligt. Keine mühselige häusliche Wäschereinigung in Vorzimmer und Küche: Fachleute holen die gebrauchte ab und stellen sie gereinigt zu. Wird sie im Hause erledigt, ermöglichen außer fremden Hilfskräften Wasch- und Bügelzimmer, Waschmaschinen, elektrische Rolle, Gasbügeleisen eine rasche Arbeit und Mühe sparende Fertigstellung. In der Küche entlasten sie allerlei mechanische Hilfsmittel, wie Faschier-, Passier-, Reib-, Knet-, Schab-Maschinen, der Rechaud, der Gasherd; bei der Zimmerarbeit findet man Bürst-, Kehr-, Teppichklopf-Maschinen, Vacuum cleaner, durch Badezimmer und Badeofen erhalten wir mühelose warme Bäder, Telefon und Lieferanten reduzieren das tägliche Einholen auf ein Minimum. Ein Drehen des Tasters – elektrisches Licht; ein Zug oder Anstreifen des Zündhölzchens – Gas leuchtet auf; die Wasserleitung in jedem Stockwerk oder in der Wohnung spendet das beste, gesunde Wasser. Kurz, die moderne Tendenz nach Erleichterung und Reduzierung der manuellen Arbeit wird auch im Hause mit Erfolg sichtbar.

Und außerhalb desselben, auf der Straße, was sehen wir? Beim „Ausgehen" ist für den flüchtigen Blick die Dame nicht von ihrem Mädchen zu unterscheiden, beide tragen ein modernes Kostüm, Hut, Handschuhe, Schirm und Täschchen, beide benutzen sie das demokratischste aller Verkehrsmittel, die Elektrische, beide besuchen sie des Sonntags das Theater, das Kino. Menschenwürdige, rücksichtsvolle Behandlung, im entgegengesetzten Fall polizeilicher Schutz wird ihnen zuteil –

sind ja die Gesetze ohnehin meist für den Arbeitnehmer. Rat und Hilfe in schwierigen Situationen, Unterkunft und Zuweisung von Dienstplätzen wird ihnen geboten.

Aber die Mädchen schätzen alle diese materiellen und moralischen Vorteile nicht hoch ein. Sie suchen nur ungern „der Not gehorchend" einen Dienst; Ersparnisse machen sie selten, und sobald sich das Heilmittel gegen alle Beschwernisse, eine Heirat, nur von ferne zeigt, gehen sie eine solche ein, ohne an die Notwendigkeit einer näheren Erkundigung zu glauben. Meist weisen sie angebotenen Rat als eine ungebetene Einmischung zurück und sagen leichtherzig: „Wenn ich halt dann auch arbeiten muss, so arbeite ich für mich und nicht für die Frau."

Dass sie bei der Frau für diese Arbeit Lohn, Kost, Wohnung usw. erhalten, das ist Nebensache! Ja, aber dann, wenn die Verhältnisse in der Wirklichkeit sich anders zeigen, sie mitverdienen müssen, sie für sich, für Mann und Kinder arbeiten müssen, da sind sie froh, als Bedienerin, Wäscherin, Büglerin, Zeitungs-, Milch-, Gebäck-Austrägerin einen Verdienst zu finden; da müssen sie neben ihrer Hausarbeit noch all das arbeiten, was ihnen als Dienstmädchen als zu viel, als zu schwer erschien, sind froh über kleine Gaben, welche sie damals stolz verschmähten!

Sidonie R.

5. Juli 1914

Essen, Trinken und andere Genüsse

Wenn Damen reisen

Heute hat fast ein jedes Geschäftsfräulein seinen Urlaub, und das ist eine sehr segensreiche Einrichtung. Den jungen, oft so zarten Damen ist die Zeit zum Ausruhen sehr notwendig. Aber wird der Urlaub auch immer richtig angewandt? Verstehen denn auch unsere Damen richtig zu reisen? Ich meine insbesondere jetzt Damen, die das ganze Jahr hindurch angestrengt im Geschäft tätig waren.

Nun wird zur Erholung eine Badereise angetreten. Teure Wohnung, Kurtaxe, alles muss bezahlt werden, die Mittel sind nur bescheiden, an einem muss also gespart werden. Woran? Am Essen. Wie oft hörte ich von jungen Mädchen sagen: „Wenn wir jeden zweiten Tag zu Mittag warm essen, haben wir vollauf genug. Nachher, zu Hause, holen wir alles nach!"

Ist das nicht grundfalsch? Kommen solche Damen wohl kräftig zurück von der Reise? Wäre es nicht besser, betreffende Damen würden einen billigen Ort aufsuchen und den Körper mehr pflegen? Reichen die Mittel nicht zu einer weiten Reise, nun, auch in der Nähe ich es herrlich schön. Unendlich viele schöne Punkte sind für wenig Geld zu erreichen und das dadurch gesparte Reisegeld kann für kräftige Kost verwendet werden; denn Bewegung in reiner Luft gibt Hunger, und ein Körper, der 14 Tage bis drei Wochen nur viermal in der Woche warmes Mittagessen erhält, kann niemals frisch und gestählt nach Hause kehren, kann die Last der Arbeit nur wieder auf müde Schultern nehmen. Die frische Luft allein tut's nicht.

Versuchen Sie es einmal, meine Damen, mit dem Dorf. Leben Sie einmal ganz der Natur. Früh auf, in Wald und Feld umherstreifen, das Ränzel wohl gefüllt, zu Mittag kräftige Kost, dann wohl ein Stündchen geruht, und dann weiter jeden Tag und jede Stunde. Frieden um uns und Frieden in uns und Sie werden sehen, dass Ihre Erholungsreise Ihnen wirklich Erholung gebracht!

7. Mai 1911

Alkoholfreie Getränke

Mit lobenswertem Eifer werden in Büchern und Zeitschriften die verschiedenen „alkoholfreien Getränke" angepriesen und die Schädlichkeit der Spirituosen betont. Tatsächlich sind auch schon sehr viele, wirklich vorzügliche Obstsäfte im Handel und ist auch an guten Limonaden, künstlichen Säuerlingen und sonstigen alkoholfreien Erfrischungsgetränken kein Mangel. Es wäre daher die Voraussetzung berechtigt, dass der Kampf gegen den Alkohol nicht schwer

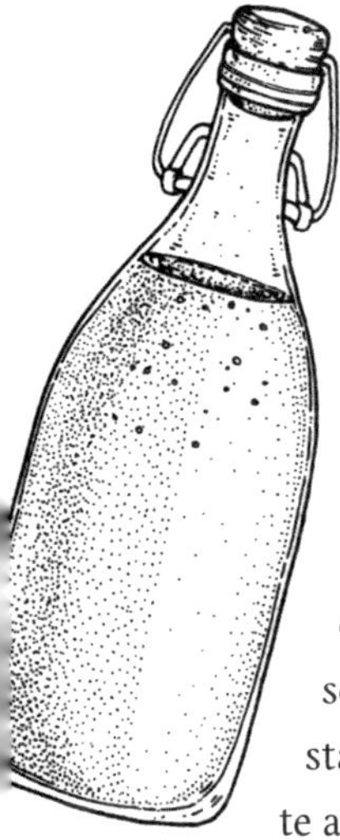

gemacht wird und jeder in der Lage ist, ganz nach Belieben Anhänger geistiger Getränke oder abstinent zu sein.

Dass dem aber nicht so ist, davon kann man sich sowohl im Alltagsleben als auch ganz besonders bei festlichen Gelegenheiten überzeugen. So wie irgendwo eine Feierlichkeit, eine Schaustellung oder sonst etwas, wo Massenandrang des Publikums zu erwarten steht, stattfindet, werden sofort Hütten gebaut und Zelte aufgeschlagen, in denen zum Heil und Wohl der Durstigen Bier, Wein, Likör und Branntwein ausgeschenkt wird. Milch, Obstsäfte, Limonaden oder dergleichen sind nicht erhältlich, gar oft ist man um vieles Geld und gute Worte nicht imstande, ein Glas Wasser zu bekommen. Selbst die vorhandenen „Kracherln" oder die richtigen „Syphons" werden nur ungerne und gegen hohen Preis hergegeben, führt man sie doch nur, um sie zu „Gespritzten" zu verwenden.

Sind diese Gepflogenheiten schon für Erwachsene ebenso unangenehm als für die Gesundheit nachteilig, so werden selbe bei Kindern geradezu zur Kalamität. Stundenlang muss solch armes kleines Ding oft Durst leiden, gar oft bleibt nichts übrig, als den Kindern Bier zu geben. Ganz abgesehen von den Auslagen, ist dies aber ein sehr böser Fall. Die Kinder finden oft Gefallen an dem edlen Gerstenbräu und gewöhnen sich auf diese Weise sehr leicht an das verführerische Getränk.

Ich habe selbst einen vierjährigen Knaben gekannt, der auf einer Landpartie jammervoll über Durst klagte und dem man, weil kein Wasser und keine Milch erhältlich war, Bier zu trinken gab. Erst beutelte er sich und sagte „bitter!“, dann tat er einen zweiten, schon recht festen Zug und sagte abermals, aber schon viel milder gestimmt, „bitter“. Nach dem dritten Zug guckte er fröhlich im Kreise umher, lachte und sagte kopfnickend: „Aber gut!“ Von dem Tage an quälte er unablässig um Bier und weinte, wenn er keines bekam. Als er älter wurde, steigerte sich die Vorliebe förmlich zur Leidenschaft, sodass ihn seine Angehörigen immer neckten: „Bitter, aber gut!“ Heute, als reifer Mann ist er zwar nicht gerade ein Trinker, aber immerhin ein etwas zu warmer Anhänger des Alkohols.

Und so wie bei festlichen Gelegenheiten, ist es auch im grauen Alltag. Bier und Wein bekommt man überall, Wasser muss man in manchem Restaurant unzählige Male verlangen, Limonaden, Säuerlinge und dergleichen sind aber entweder gar nicht zu bekommen oder zu ganz unverhältnismäßig hohen Preisen. Es wäre wirklich im allgemeinen Interesse, wenn die Wirte diesen Punkt ein bisschen ins Auge fassen und dem Publikum etwas entgegenkommen wollten.

Staatsbeamtenwitwe
7. November 1909

Etwas über das Tabakrauchen

Ich möchte vorausschicken, dass ich keine ausgesprochene Gegnerin des Tabakrauchens bin, schon mit Rücksicht auf die gesamte Tabakindustrie. „Wenn du rauchst, so gehe in dein Kämmerlein", möchte ich den Herren der Schöpfung zurufen. Leider sieht man es ja oft, dass draußen im Freien geraucht wird. Und immer haben die Männer einen allerdings nur ihnen plausiblen Grund dafür, dass sie uns die Luft verderben. Im Winter brauchen sie einen Nasenwärmer, und im Sommer wird die Trockenheit im Halse angeblich durch das Rauchen beseitigt. Ich lasse gern jeden nach seiner Fasson selig werden, solange ich dabei nicht selbst aus der Fasson gebracht werde.

Wenn man aber täglich sieht, wie die rauchenden Männer und Männlein sich in der Öffentlichkeit bewegen, so möchten einem wirklich mitunter gelinde Zweifel an dem sogenannten gesunden Menschenverstande aufsteigen. Heutzutage sind wir leider längst so weit, dass wir den Rauchern ein ganz besonderes Entgegenkommen glauben zeigen zu müssen. Nur um ihnen die ungestörte Pflege eines Genusses, über dessen Vor- und Nachteile die Meinungen geteilt sind, zu ermöglichen und alle Nichtraucher vor Belästigungen durch Raucher zu schützen, hat man nicht etwa z. B. das Rauchen in den Eisenbahnwagen verboten, im Gegenteil, man hat besondere Abteilungen für Raucher eingerichtet. Als logisch denkender

Mensch nehme ich die jetzt bestehenden Einrichtungen nicht ohne Weiteres als Sakrilegien hin, und frage mich, wie es möglich war, im Verkehr eine solche Ausnahme zu gestatten, wie man sie sonst nicht wieder findet.

Man stelle sich ferner einmal eine arme Arbeiterfamilie vor, bei der die Frau angestrengt mitarbeiten muss. Was würde der Mann, der von seinem kargen Lohn notwendigerweise täglich 20–30 Heller verraucht und ebenso viel in Alkoholika anlegt, wohl dazu sagen, wenn es seiner Frau plötzlich einfiele, täglich etwa nur 10 Heller für Näschereien auszugeben. Dazu würde natürlich das Geld zu schade sein.

So viel steht fest, dass man den Herren der Schöpfung in Bezug auf das Rauchen schon außerordentlich entgegengekommen ist, und man sollte annehmen, dass sich die Raucher in irgendeiner Weise dafür erkenntlich zeigen würden. Weit gefehlt! Der junge wie der ältere Herr auf der hinteren Plattform der Elektrischen blasen unentwegt den Rauch ihres mehr oder weniger guten Krautes den neben ihnen stehenden Fahrgästen ins Gesicht.

Nach einem besonders heißen Sonntage in Hütteldorf hatte ich einmal glücklich noch einen Stehplatz in einem überfüllten Nichtraucherabteil der Stadtbahn mir erkämpft, als noch im letzten Augenblick ein Herr mit brennender Zigarre zu uns einstieg. Man machte ihn nun auf das Nichtraucherkupee und darauf aufmerksam, dass die Luft doch schon schlecht genug sei, worauf er kurz erklärte, das wisse er schon, aber bei dem Gedränge ginge das nicht anders. Er rauchte ruhig weiter. Bei einer heftigen Bewegung des Wagens fiel schließlich etwas glühende Zigarrenasche einem jungen Mädchen auf das Kleid und brannte ein Loch hinein. Das Mädchen getraute sich nichts zu sagen, der junge Herr entschuldigte sich selbst nicht, als die Mitreisenden ihn auf sein merkwürdiges Betragen aufmerksam machten. Ungestraft ging er von dannen.

Hier sind zwar nur Auswüchse geschildert, aber sie bestätigen immerhin die Tatsache, dass wir die rauchenden Individuen zu einer gewissen Unverfrorenheit miterzogen haben. Da ist es Pflicht der Frauen und Mütter, und endlich auch der vernünftigen Väter, dass sie ihre Söhne, wenn eben durchaus geraucht werden muss, vorher zur besonderen Höflichkeit und Rücksichtnahme gegen ihre Mitmenschen erziehen, die am Rauchen keinen Gefallen finden können.

15. Oktober 1911

Wie gewöhne ich meinem Mann das Rauchen ab?

Manch sorgende Hausfrau bewegt diese Frage in ihrem Herzen und auch in der Diskussion eines Unterhaltungsabends wurde sie aufgeworfen. Eine Dame erklärte dazu energisch: „Das ist überhaupt nicht abzugewöhnen!“

Eine andere erzählte, dass ihr Mann eine starke Zigarre bis zum Überdruss geraucht und es sich glücklich abgewöhnt hätte. Die Leiterin der Diskussion suchte die Härten abzuschleifen, indem sie zu bedenken hab, dass plötzliches Entziehen des gewohnten Genussmittels Krankheit hervorzurufen vermag.

Ich wagte mich mit meiner Meinung nicht hervor, um nicht den Zorn der etwa um ihre Gardinen besorgten Hausfrauen zu wecken und über mein armes Haupt zu entladen; auch bin ich von Natur bescheiden und wagte nicht aufzustehen und angesichts der zahlreichen Versammlung meine Stimme zu erheben. Hier aber, in den Spalten unseres lieben Blattes, schützt mich die Redaktion und deshalb frage ich: Muss denn dem Mann unbedingt das Rauchen abgewöhnt werden? Was ist denn so Schlimmes dabei? Arbeitet er nicht den ganzen Tag angestrengt für sich und die Seinen? Warum wollen wir ihm die Erholung, die Anregung nicht gönnen, die er bei der geliebten Zigarre, der Pfeife findet?

Wir haben ja auch unsere kleinen, anregenden Mittel: Tee, Kaffee, und bei mancher Hausfrau wird das Kännchen nicht leer! Im Grunde genommen regt Kaffee- und Teegenuss ebenso die Nerven an wie das Rauchen und wirkt im Übermaß ebenso schädlich wie dieses. Was wir selbst aus Gewohnheit tun: Anregung suchen, sollten wir also nicht unserem Mann, der es auf anderem Wege tut, als Verbrechen anrechnen, zumal er sich ja auch nicht fortwährend über unser Kaffeetrinken aufhält, und es zum Gegenstand ewigen Streites macht.

Wozu also durch Szenen das häusliche Behagen ihm stören? Ist es denn nicht nett, wenn nach Tisch oder zum Nachmittagskaffee der kräftig-aromatische Duft des Tabaks das Zim-mer erfüllt und zierlich-blaue Wölkchen sich kräuseln? So schlimm wie in früheren Zeiten bei alten Völkerschaften, wo die Männer aromatische Kräuter in Haufen anzündeten und um die Feuer gelagert den Rauch einatmeten, bis sie betäubt umsanken, treiben sie es doch nicht mehr! Gegen eine durch Jahrhunderte geheiligte Gewohnheit anzukämpfen, ist ein nutzloses Verbrauchen der Kräfte im Kleinkrieg. Betrachten doch die Herren der Schöpfung jeden Vorstoß gegen das Rauchen als einen Eingriff in ein ihnen ganz besonders zustehendes Recht! War es doch 1848 eine der ersten Freiheiten, die den Bürgern von der Regierung bewilligt wurde: dass sie mit brennender Pfeife über die Straße gehen durften.

Ich glaube, nach alledem ist es das Beste, unserem Herrn und Gebieter nicht nur das Rauchen zu gestatten, sondern ihm auch selbst ein behagliches Plätzchen dazu zu schaffen, sonst läuft er ins Wirtshaus, wo er diesen Genuss ungestört haben kann, und wir sitzen einsam zwischen unsern vier Wänden.

5. Mai 1912

Die Unsitte des Bonbon-Zugebens an Kinder

In vielen Geschäften erhalten Kinder beim Einkauf Zugaben in Gestalt von Bonbons usw., um sie zum Wiederkommen zu veranlassen. Aber was wird den Kleinen oft in die Hand gesteckt! Bonbons schlechtester Sorte, von Würmern zerfressene Feigen und Datteln, Schokoladenbruch, der wochenlang im Schaufenster gelegen und sich nicht mehr zum Verkauf eignet. Dies alles ist für die Kinder als „Zugabe" noch gut genug!

Meine Kinder erhalten für jeden derartigen an mich abgelieferten „Leckerbissen" eine Belohnung, wie z. B. eine Nuss, Mandeln oder was es sonst gerade im Hause gibt. Dadurch habe ich erreicht, dass sie die erhaltenen ekelhaften Süßigkeiten nicht essen.

Vielleicht kann sich aber nicht jede Mutter so eingehend mit den Kindern beschäftigen, und da wäre es doch ratsamer, wenn die Geschäftsleute - soll durchaus eine Zugabe verabreicht werden - den Kindern statt der Süßigkeiten ein kleines Bild, wie sie zu Hunderten von den verschiedensten Fabrikanten geliefert werden, in die Hand geben; das kann wenigstens keinen Schaden anrichten.

Frau E. M.
29. Mai 1910

Kleidung und Mode

Die Moden-Krankheit

Es ist kaum glaublich, wie sehr sich in den letzten Jahren die Moden-Krankheit unter Frauen und Mädchen ausgebreitet hat. Diese Krankheit – man muss sie zweifellos als eine solche bezeichnen – ist imstande, geordnete Verhältnisse in das Gegenteil umzuwandeln, und weder die mannigfachsten Entbehrungen noch die Streitigkeiten, die daraus entstehen, können dieser Seuche Einhalt gebieten. Lieber hungern oder wenigstens sparen beim Einkaufe von Nahrungsmitteln, aber nur nicht vielleicht ein Kleidungsstück tragen, das der letzten Mode nicht entspricht, so lautet die heutige Parole.

Es ist noch nicht so lange her, da war es möglich, an der Kleidung die einzelnen Klassen der Bevölkerung zu unterscheiden. Heute will die Frau des Unterbeamten genau dasselbe tragen wie die Frau des Revidenten, die Inhaberin einer kleinen Putzerei, welche kaum das Nötigste zum Lebensunterhalt verdient, bestellt sich genau denselben Plüschmantel, wie sie ihn bei der Hausfrau gegenüber gesehen hat, nur mit dem Unterschied, dass die Hausfrau den Mantel bezahlen kann, die Putzerin sich aber ein paar Gulden vom Essen abgespart hat und jetzt zu einem Schneider geht, bei dem sie den Mantel auf Raten bekommt.

Und so sind unzählige Fälle alle Tage zu erleben, die Mitmenschen sollen eben durch falschen Schein geblendet werden. Und was ist die Folge davon? Unterernährung und Nervosität, aber in erster Linie die Zerrüttung der meisten Familien durch Streitigkeiten und Geldsorgen.

Strecke dich nach der Decke! So sollte die Parole aller verständigen Frauen lauten, es gäbe viel mehr häusliches Glück, viel mehr sorglose Stunden, außerdem viel mehr heiratslustige Männer, die nicht Angst zu haben brauchten, dass ihr Verdienst zum Unterhalt einer Familie nicht langen würde. Eine einfache, dabei nett und praktisch gekleidete Frau wird immer mehr geschätzt werden als eine Dame mit auffallenden, streng modern gehaltenen Kleidern, die dann vielleicht auf Borg kauft und die Geschäftsleute um ihr Geld seufzen lässt.

Zum Schluss ein freundliches Wort an alle verständigen Leser und Leserinnen. Trachtet mit gutem Beispiel voranzugehen, kleidet euch nach euren Verhältnissen, überlasst die Mode-Torheiten denen, die sie sich leisten können, und denen, die auffallen wollen.

Frau Dr. C.

3. März 1912

Moderne Damenhüte als Vernichter der Vogelwelt

Seit Jahren ist diese Anklage von Naturfreunden erhoben worden, in letzter Zeit dringender als je; denn ganze Arten von Vögeln drohen auszusterben infolge der herrschenden beklagenswerten Mode, möglichst viele Federn oder ganze Vogelleichen auf den Damenhüten zu tragen. Niemand wird etwas dagegen einzuwenden haben, wenn Straußenfedern oder solche von einheimischem Hausgeflügel und durch Jagdgesetze geschütztem Hühnerwild zum Schmuck der Hüte verwendet werden; der Strauß gerade wird ja zur Federgewinnung gezüchtet, und Federschmuck kann in vielen Fällen sogar hochkünstlerisch wirken.

Aber eine nicht genug zu tadelnde Unsitte ist es, die Federn von Reihern und Marabus, von Möwen, Adlern, Eulen, oder ganze Kolibri- und Paradiesvogelbälge auf den Hüten zu tragen. Denn durch den massenhaften Bedarf sind einzelne solche Vogelarten schon so gut wie ausgerottet. Am schlimmsten steht es mit dem Reiher. Ein einziger Reiherjäger in Florida vermag in etwa 14 Tagen eine ganze Reiherkolonie von 20.000 bis 30.000 Paaren – der Reiher brütet ausnahmslos in Kolonien – vollständig auszurotten. In der Brutzeit siegt bei diesen sonst so scheuen Vögeln die Elternliebe vollständig über die Furcht, sodass der Reiherjäger mühelos ein Stück nach dem andern der alten Reiher von den Nestern niederknallt, wenn sie ihre Jungen füttern, bis keiner mehr übrig bleibt. Man sollte meinen, dass unsere Damen, wenn sie sich klarmachten, mit welcher Grausamkeit diese Jagd betrieben wird, keine Freude mehr an schönen Reihern hätten. In England ist auf diesem Gebiet schon ein Ansatz zur Besserung vorhanden, nachdem die Königinwitwe Alexandra erklärt hat, in ihrer Umgebung keine Dame mit Reiherfedern mehr sehen zu wollen.

Auch den kleinen Kolibris wird im Dienst der Mode eifrig nachgestellt. Ein Berliner Haus kaufte im vergangenen Jahr Hunderttausende von Kolibris auf, um für eine demnächst zu erwartende Kolibrimode gerüstet zu sein. Ein Pariser Schuhmacher stellte ein Paar Schuhe aus, für die er zirka 200 Kolibribrüste verwendet hatte, eine Amerikanerin zahlte 6.000 Kronen dafür.

Wir wollen doch nicht mehr dazu helfen, dass unsere schönsten Vogelarten auf diese Weise aussterben. Wer sich Federn zum Hutschmuck wählt, möchte sich doch immer zum festen Entschluss machen, alle solche bestimmt und energisch vom Kauf zurückzuweisen, die sonst um der Mode willen dem sicheren Untergang geweiht sind.

16. April 1911

Wiener Frauen

Leider gibt es in Wien noch immer Damen, die in Pariser „Toiletten“ am Ring herumstolzieren. Sie scheinen die schwere, traurige Zeit gar nicht zu empfinden. Jedes anständige Mädchen, jede fein empfindende Frau trägt in dieser so ernsten Zeit doch nur einfache, nach deutschem Muster gearbeitete Kleider. Wie hässlich, einherzugehen wie ein Pfau, während doch durch dieselben Straßen ein Wagen nach dem andern die armen Schwerverwundeten bringt, die fürs Vaterland und auch für unsere Sicherheit geblutet haben, ja vielleicht für immer zum Krüppel geworden sind! Und warum noch immer jener Mode huldigen, da die Franzosen doch alle Völkerrechte mit Füßen getreten und viele unserer Mitschwestern misshandelt haben? Solche Frauen sind mir durchaus unverständlich.

Eine Wienerin

1. November 1914

Das Tanzen mit Hut

Eine immer häufiger auftretende Unsitte, die aus England den Weg zu uns gefunden hat, ist das Tanzen der Damen mit Hut. In vielen Kreisen gilt es als vornehm, zu gro-

ßen Hochzeiten riesige Hüte zu tragen, und da natürlich ein Ball sich den Feierlichkeiten anschließt und die eitlen Evatöchter ihre „Hauptzierde“ nicht ablegen wollen, drehen sie sich mit derselben im Tanze.

Ganz abgesehen davon, dass für die Tänzerin selbst solch ein Ungetüm, und mag es noch so kleidsam sein, nur störend wirkt, denn ein Hin- und Herwackeln desselben bei einem feurigen Galopp oder einem flotten Walzer ist gar nicht zu vermeiden, so macht die Gefahr, von den modernen, gewaltigen Hutnadeln gestochen zu werden, den jeweiligen Partner zu einem unfreiwilligen Helden. Wie leicht kann bei einer unvorsichtigen Bewegung das Auge getroffen werden! Sehr verständig erscheint daher die in der sächsischen Stadt Meerane ergangene Ratsverfügung, die in allen Tanzlokalen aufgehängt werden muss: „Das Tanzen der Damen mit Hut ist verboten.“ Wir sollten schon aus Vernunftgründen darauf achten, dass bei uns ein derartiges Verbot nicht erst gegeben zu werden braucht. Tanzen wir auf Hochzeiten, auf Landpartien usw. nach Herzenslust, aber entledigen wir uns vorher unserer Hüte!

2. Jänner 1910

Konzerttoiletten

Ich möchte auf eine Ungehörigkeit in Theater und Konzert hinweisen, die sowohl in großen wie in kleinen Städten immer mehr überhandnimmt. Es ist die „grande Toilette" der meisten Damen bei Sesselkonzerten. Gehört in ein ernstes Konzert eine Balltoilette mit tiefem Ausschnitt? Ich denke doch wohl nicht. Diejenigen, die das Konzert besuchen, nur des Genusses an der Musik halber, müssen ihre Aufmerksamkeit unbedingt auf die Musik konzentrieren, wollen sie den Genuss vollkommen haben. Da aber bei solchen Konzerten der Saal gewöhnlich beleuchtet bleibt, so ist es wohl unvermeidlich, dass das Auge da und dort auf der und jener Toilette haften bleibt, und dass unwillkürlich die Aufmerksamkeit von der Musik für Minuten abgelenkt wird. Wohl gibt es Leute, die sich auch da zu helfen wissen und einfach geschlossenen Auges zuhören, aber auch wiederum viele, die gern den einen oder anderen Musiker während des Spieles sehen. Sollen nun alle diese Leute der Damen wegen, die nicht um Musik zu hören das Konzert besuchen, sondern um ihre elegante Toilette zu zeigen, sich den Abend verderben lassen?

Hoffentlich liest manche liebe Mitleserin meine Worte nicht umsonst und erscheint bei der nächsten ähnlichen Gelegenheit statt in prunkendem Ballstaat in anspruchslosen und weniger Aufsehen erregenden Kleidern.

12. Jänner 1913

Im Putzgeschäft

Der Beamte klagt, der Geschäftsmann klagt, die Hausfrau klagt, kurz, alles klagt über „schlechte Zeiten". Der kleinere Geschäftsmann, der, wie er behauptet, mit den großen Geschäften und Warenhäusern nicht mehr „mitkann", hat wohl am meisten unter den „schlechten Zeiten" zu leiden, und doch ist er es manchmal selbst, der die Schuld trägt, dass für ihn „schlechte Zeiten" sind.

Ich ging mit einer befreundeten Dame aus, um mir einen neuen Hut zu kaufen, und wollte für denselben, meinen Verhältnissen entsprechend, fünfzehn Kronen anwenden. Einer gefiel mir in dem Schaufenster eines mittleren Geschäftes besonders gut. Meiner Schätzung nach konnte der Hut den Preis von fünfzehn Kronen nicht viel überschreiten, auf eine oder zwei Kronen sollte es mir schließlich nicht ankommen.

Wir gingen also kurz entschlossen hinein. Mit großer Liebenswürdigkeit kam uns ein junges Mädchen entgegen und fragte nach unseren Wünschen. Ich bat sie, mir den Preis des betreffenden Hutes zu nennen. Die junge Dame machte sich bereitwilligst daran, denselben aus dem Fenster zu holen. Auf meine nochmalige Bitte, mir doch erst den Preis des Hutes zu nennen, wurde mir die Antwort gegeben, das wüsste sie selbst noch nicht, und ich sollte ihn nur erst einmal aufsetzen. Mit einem freundlichen: „Sie setzen wohl bitte Ihren Hut einmal ab", kam sie, besagten Toque mit beiden Händen hochhaltend, auf mich zu, mich so gewissermaßen zwingend, mich meines alten Hutes zu entledigen. Schweigend fügte ich mich, und mit einer wahrhaft königlichen Gebärde wurde mir der Hut aufs Haupt gesetzt und ich vor den Spiegel geführt. Dann trat das Fräulein einige Schritte zurück, betrachtete mich von allen Seiten und hauchte das eine Wort: „Ent-zü-ckend."

In diesem Augenblick kam aus einem hinteren Raume eine ältere Dame, begrüßte uns mit größter Zuvorkommenheit und sagte: „Der Hut kleidet gnädige Frau vorzüglich." „Aber nun möchte ich auch endlich mal den Preis wissen", sagte ich im bestimmten Tone, worauf mir die ältere Dame den Hut vom Kopfe nahm, einen Blick hineinwarf und zweiundzwanzig Kronen forderte. Ich gestand, wohl fünfzehn bis siebzehn Kronen ausgeben zu wollen, aber zweiundzwanzig sei für mich zu viel. Mit einem unsagbar maliziösen Lächeln nahm mir die junge Dame den Hut aus der Hand und setzte ihn wieder an seinen alten Platz. Inzwischen hatte mich die ältere Dame belehrt, dass ich auch schon für fünfzehn Kronen einen sehr, sehr netten Hut haben könnte, aber gerade dieser wäre nicht billiger zu haben. Ich dagegen erklärte, dass ich einen anderen Hut nicht haben wollte, und machte mich daran, meinen alten Hut wieder aufzusetzen. Da kam ich aber schön an! Von den vielen, vielen Hüten, die sie auf Lager habe, würde mir doch gewiss einer gefallen, und sie hätte so verwöhnte Kundinnen, und gerade für meinen Geschmack sollte sich nichts finden? Lächerlich, einfach lächerlich usw.

Die Geschäftsinhaberin hatte ihren Platz unweit der Tür eingenommen, als wollte sie uns den Ausgang versperren, und das Fräulein setzt mir von den Hüten, die sie auf Befehl der älteren Dame angeschleppt brachte, einen nach dem andern auf den Kopf. Ich ließ alles über mich ergehen, sagte gar nichts mehr und schüttelte nur hin und wieder den Kopf, wenn die Frage, ob mir dieser oder jener Hut auch nicht gefiele, gar zu dringend wurde. Endlich mussten wohl die Damen das Nutzlose ihrer Bemühungen einsehen, denn sie ließen von mir ab.

Hätte die Putzmacherin den Hut mit einem Preise versehen, so hätte ich sie gar nicht erst belästigt, hätte ihr keine Zeit geraubt und uns allen wäre eine unangenehme Situation erspart geblieben. Sicher ist, dass man diesen Laden nicht wieder betritt.

27. Februar 1910

Indezente Kinderkleidung

Ort der Handlung: Ein Straßenbahnwagen.

Handelnde Personen: Ein dreizehnjähriges Mädchen, ein junger Mann von etwa 22 Jahren, ein grauhaariger Schaffner, eine 40 Jahre alte Frau – ich selbst nämlich.

Das Mädchen, für seine Jahre groß und stattlich, hatte

nackte Beine und ein Röckchen, das oberhalb des Knies endete, sodass man die Knie selbst und auch die Oberschenkel sehen konnte. Der junge Mann verschlang das hübsche Kind geradezu mit dreisten Blicken; auch der Schaffner, der einen Trauring am Finger hatte, machte sich öfters als meiner Meinung nach nötig war, im Wagen zu schaffen, und auch seine Blicke drückten ein Behagen aus, das mehr nach Frechheit schmeckte. Zum Glück merkte das Mädchen nichts oder wollte nichts merken. Ich aber, die selber drei Töchter hat, schämte mich an deren Mutter Stelle. Ahnt die Mutter nicht, welchen Anfechtungen und sittlichen Gefährdungen sie ihr Kind aussetzt? Halte man mich nicht für übertrieben prüde; ich denke nicht daran, es zu sein, aber Recht muss Recht bleiben!

Die Mutter der ärmeren Stände liebt ihre Kinder vielleicht mehr als die Mutter der oberen Zehntausend, deren Zeit durch hundert andere Sachen absorbiert wird. Sie ist aber nicht imstande, ihren Lieblingen Gesellschafterinnen zu stellen oder selbst immer hinterherzulaufen. Umso mehr muss sie darauf achten, dass sie dem Kinde erst einmal einen moralischen Halt in sich gibt, der darin besteht, dass ein Mädchen sich in jeder Situation des Lebens fragen sollte: „Kannst du das, was du beginnen willst, deiner Mutter erzählen?“ Dann aber sollte auch die Kleidung,

namentlich der Mädchen, so gewählt werden, dass sie die Begehrlichkeit der Männer nicht erweckt. Nicht jeder Mann ist charakterfest, nicht jedes Mädchen widersteht Versuchungen. Das Dichterwort: „Halb zog sie ihn, halb sank er hin" hat auch hier Berechtigung.

Frau Wilhelmine K.
21. August 1910

Arm und reich – behandelt sie gleich

Es ist nicht zu leugnen und zeigte sich gerade in der verflossenen Weihnachtszeit deutlich, dass in dem Verhalten unserer Verkäufer und Verkäuferinnen in den Läden sich eine Wandlung zum Besseren angebahnt hat. Es war ja wirklich zuweilen nicht mehr schön, dies vorlaute und taktlose Überreden und Bevormunden der Kunden, diese Lässigkeit und Überhebung, wenn der Chef abwesend war, und ähnliche Untugenden, wie sie hier und da, wenn das Auge des Herrn nicht wachte, fast überhandzunehmen drohten – ganz gewiss zum Schaden der Geschäftsinhaber. Vielleicht vermisste dieser und jener von ihnen eine Kundin, die sich durch das Benehmen des Personals zum Fortbleiben veranlasst sah. Jedenfalls war das angenehme Resultat, dass die Bedienung in unseren Läden zur diesmaligen Weihnachtseinkaufszeit im

Allgemeinen sehr viel freundlicher, höflicher und entgegenkommender war, als wir es sonst wohl erfahren hätten.

Nur über eines wurde häufiger Klage geführt, und deshalb soll es auch hier zu Sprache gebracht werden: darüber nämlich, dass von manchen Verkäufern, mehr noch von Verkäuferinnen, ein „böser Unterschied" zwischen „arm" und „reich" oder vielmehr zwischen pompös angezogenen und einfach oder gar dürftig gekleideten Käuferinnen gemacht wurde und wird. Im Allgemeinen scheinen unsere einfachen Leute sich schon von vornherein nicht vorzudrängen, wenn eine „gnädige Frau" kauft; jedenfalls aber haben sie, wenn die Reihe an sie kommt, genau dasselbe Recht auf gute und freundliche Bedienung wie die andere, besser gekleidete Käuferin, die ja deshalb noch lange nicht „besser" zu sein braucht als die Käuferin im einfachen Kleide und mit schmalem Beutel. Allzu häufig aber kommt es noch vor, dass der überhöfliche und unterwürfige Ton, den die Verkäuferin eben noch der „Gnädigen" gegenüber anschlug, recht kurz und unfreundlich wird, sobald sie die wartende *einfache* Frau anredet; und mehrere Fälle sind vorgekommen, wo durchaus bescheidene und anständige, aber einfache Frauen kurz behandelt wurden oder eine Verkäuferin sie einfach stehen ließ. Es wäre zu wünschen, dass die Herren Chefs auch darin einmal bei ihren Angestellten Wandel schafften!

Eine Käuferin für viele
11. Februar 1912

Schutz den Näherinnen

Die Meisterinnen der Nadel sind wie die anderen Menschen hinfällig und gegen alle Krankheiten noch leichter empfänglich als Nichtstuer oder körperlich schwer Arbeitende. Dies vergessen oft viele Frauen zu bedenken, Frauen, die den Kleiderluxus als ihren Lebensinhalt betrachten und die sich keinem anderen Problem mit solchem Interesse widmen als der Kleiderfrage.

Ich will hier nicht sprechen allein davon, dass die oftmals schwer zu befriedigenden Damen die Geduld ihrer Schneiderinnen auf eine mitunter allzu harte Probe stellen und mit Hartnäckigkeit, die einer anderen Sache würdig wäre, stets ihre eigenen Ansichten in den Vordergrund stellen, welche die geübte Handwerkerin aber nicht teilen kann, ohne ihrem Renommee Schaden zu bringen. Ich betone auch nicht das immerwährende Drängen, Feilschen und unzufriedene Gebaren der Kundinnen, sondern ich spreche hier von einer ernstlichen Gefahr, die gerade in den Kreisen der Nadelkünstlerinnen häufig wie ein Schreckgespenst umherschleicht; es ist dies die Tuberkulose, die schon manch ein blühendes Geschöpf mit raschem Griffe erfasst und dem Tode in die Arme geworfen hat.

Wie oft kommt es vor, dass eine gefallsüchtige Frau, allem im Hause vorkommenden Geldmangel trotzend, auf irgendeinem Feste mit einer kostbaren, eleganten Toilette die ande-

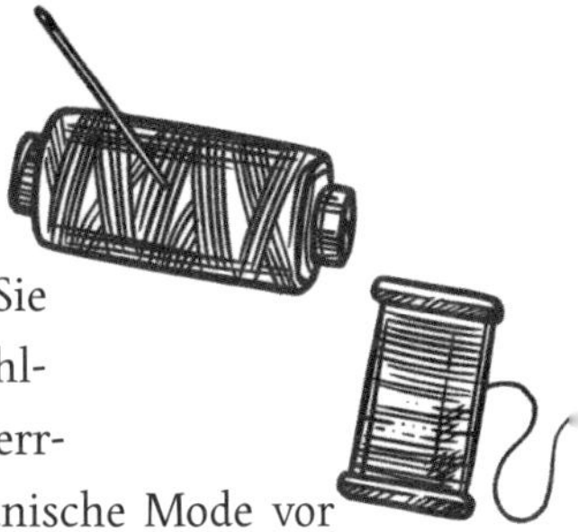

ren Teilnehmerinnen übertreffen will. Sie kramt zu diesem Zwecke aus einem der zahlreichen am Boden befindlichen Koffer ein herrliches Brokatkleid heraus, welches die launische Mode vor Jahren – o Freude! – fast genauso geschaffen hat, wie es heute wieder Sitte ist, Toiletten zu „bauen". Nur ein „klein wenig" muss es geändert werden, denn Tante Sophie, die dieses Prachtkleid auf ihrem ersten und, ach, auch letzten Balle getragen hatte, war sehr schlank gewachsen, geschnürt wie eine Meißner Porzellanpuppe. Das Mieder ist der an Arbeit und Sport gewohnten Nichte zu knapp und diese läuft dann, den Triumph einer Nacht höher einschätzend als ihre gefährdete Gesundheit, zur nichtsahnenden Schneiderin, um das prachtvolle Ballkleid ummodeln zu lassen.

Wer bürgt nun aber dafür, dass in dem Kleide der einstmals an Lungentuberkulose gestorbenen Dame keine Krankheitsbazillen haften, welche die junge Näherin bei emsiger Arbeit einatmen kann? Wurde das Kleid nach dem Tode der Tante Sophie desinfiziert? Der Geruch des Schweißes, vereint mit dem des Moders, ist so aufdringlich, dass die fleißige Schneiderin wiederholt ans offene Fenster treten muss, um durch die Einatmung frischer Luft dem Nies- und Hustenreize Einhalt zu gebieten.

Sollte man denn nicht die Kleidung von Leuten, welche mit ansteckenden Krankheiten behaftet sind, lieber verbrennen? Es wird ja so wenig für gebrauchte Stoffsachen beim Verkaufe gegeben und bei der Umarbeitung derselben so viel verloren, wenn ein oder gar mehrere Menschenleben dadurch zugrunde gehen müssen. Ich selbst kannte ein junges, gesundes Mädchen, deren törichte Mutter die Wäsche einer Lungenkranken einkaufte; nach dem Verlaufe eines Jahres schon lag auch die zweite Besitzerin derselben im Grabe.

Es ist immer ein schweres Vergehen gegen die Gesundheit der Mitmenschen, wenn jemand alte Kleidung verkauft oder umarbeiten lässt, ohne vorher den Käufer respektive die Arbeiterin von der zweifelhaften Herkunft der Sachen in Kenntnis zu setzen und zur Vorsicht zu ermahnen.

Rautendelein
16. August 1914

Kaffeehäuser und Restaurants

Kaffeehaus-Rücksichtslosigkeiten

Eine Unsitte, die leider vielfach verbreitet ist, möchte ich hier zur Sprache bringen, und zwar das Herausschneiden und Herausreißen von Modebildern aus den in Kaffeehäusern aufliegenden Modejournalen und Zeitschriften. Abgesehen davon, dass das eine Beschädigung fremden Eigentums ist, sieht es nichts weniger als schön aus, wenn man so ein zerfetztes Blatt in die Hand bekommt. Wie oft hörte ich schon den Cafetier darüber klagen! Selbst die auf jeder Seite des Blattes gedruckte Bitte bleibt unberücksichtigt. Da bekommt man oft so ein Blatt in die Hand, wo nicht nur ein Loch in der Mitte der Seite herausgerissen ist, nein, da fehlt mitunter oft die ganze Seite! Schonungslos, ohne Rücksicht darauf, dass auch noch andere Leute diese Journale ansehen wollen, werden die Blätter beschädigt, um irgendeinen Hut, eine Bluse oder sonst irgendetwas zu kopieren. Auch aus den Kunstblättern, die zumeist sehr teuer sind, werden die Kunstbeilagen herausgerissen, und die anderen Leser können sich die Bilder denken.

In einem großen Stadtcafé habe ich einmal eine Szene erlebt, die für die betreffende Dame nichts weniger als angenehm war: Der Markör beobachtete eine Dame, als sie ein Bild aus einer Zeitschrift herausriss. Als es zum Zahlen kam, musste sie den Preis für das ganze Modeblatt trotz großer Entrüstung ihrerseits erlegen, und dafür konnte sie sich das beschädigte Blatt mitnehmen. Diese Strafe war gewiss ganz recht und die Dame hatte auch noch den Spott der in der Nähe sitzenden Gäste zu fühlen und war gezwungen, verschiedene Bemerkungen anzuhören. Wie möchten die Journale denn aussehen, wenn jeder Gast ein Blatt herausreißen würde?

17. Dezember 1911

Trinkgelder

Zu den althergebrachten Sitten, die nicht in unsere heutige Zeit passen, gehört auch das Trinkgeldgeben. Sitzt man in einem Restaurant, sofort ist die Bedienung in Gestalt eines „Obers" da, den man für seine Dienstleistungen mit zehn Prozent der gemachten Zechrechnung entlohnen muss. Ist das Trinkgeld gut bemessen gewesen, wird man es auch seiner Dienstfertigkeit nach außen anmerken. Er springt hinzu beim Aufstehen und ist beim Anziehen auf äußerst höfliche Art behilflich; die übrigen Gäste können daran sofort merken, dass das Trinkgeld sicher 20 bis 25 Prozent der Zeche betragen hat. Anders werden Gäste behandelt, die vielleicht nur fünf

Prozent Trinkgeld gaben, und ein Gast, der kein Trinkgeld gibt und auf dem Standpunkt steht, Personal muss vom Arbeitgeber bezahlt werden, ist überhaupt für die Kellner „Luft".

Warum aber muss das zahlende Publikum noch immer Trinkgeld geben und somit dem Wirt das Kellnerpersonal erhalten? Der Wirt verdient wahrlich an Bier, Wein, Likören, besonders an Kaffee, Tee und sonstigen alkoholfreien Getränken doch wahrhaftig genug. Letztere würden einen weit größeren Konsum erfahren, wenn sie billiger verabfolgt würden. Wie viele Familien trinken doch auf ihren Sonntagsausflügen aus Billigkeitsgründen noch immer Bier. Da wird vielleicht das Glas für 20–24 Heller verzapft, wohingegen eine Tasse Kaffee 36–44 Heller, eine Zitronenlimonade, die bei Wanderungen weit bekömmlicher wäre, ja auch 30–40 Heller, ja sogar 60 Heller kostet. Ebenso geht es mit Brause, Selters, Mineralwasser usw., die dem Wirt einen Verdienst von 100, 200, ja auch 300 Prozent liefern. Dazu legen wir uns als Extrabelastung unserer Geldbörse 10 Prozent Trinkgeld auf!

Trinkgelder, die für den empfangenden Teil eigentlich etwas Beschämendes haben sollten, stehen aber heute noch obenan. Leider! Wer sich Personal hält und selber einen auskömmlichen Verdienst hat, sollte für Dienstleistungen auch angemessen zahlen und nicht diese Entlohnung in Gestalt eines Trinkgeldes auf die Schultern der Abnehmer abwälzen. In allen Berufen muss das Personal vom Arbeitgeber bezahlt werden, nur nicht im Wirtschaftsbetriebe und den verwandten

Gewerben. Wir brauchen in unserer teuren Zeit bei unserer teuren Lebensführung keine Extrabelastung unserer Börse. Daher fort mit den Trinkgeldern!

12. Oktober 1913

Hygienische Salzfässer

Den Wunsch nach Salzstreuern wird jeder mit mir teilen, der seine Mahlzeiten nicht am Familientische einnehmen kann. Man muss sich wundern, fast überall, selbst in feinen Restaurants, offene Salzfässer vorzufinden, höchstens mit einem drehbaren Deckel verschlossen. Das ist kein Schutz, und der Staub bedeckt als grau-gelbe Schicht das dadurch unansehnlich gewordene Salz. Manche grobe Unart zeitigen die offenen „Salzfasseln", wodurch wahrlich nicht die Esslust gesteigert wird. So habe ich in einem Gasthof einen Herrn gesehen, der sein Messer reinlich – ableckte! – dann in den Salzbehälter fuhr, das staubige mit dem reinen Salz vermischte und hierauf das nötige Quantum über seine Speise streute.

Ein anderer biederer Tischgenosse hielt das Reinigen des Messers mit Brot oder Semmel für überflüssig und holte sich sein Salz als Klümpchen, die sich ängstlich an die Saucentropfen schmiegten, heraus. Dass auch im Salzfassel eine braune Spur der Tunke blieb, ist selbstverständlich.

Auf einer Reise kehrte ich im besten Gasthofe des Ortes ein. Der Wirt verzehrte gerade sein Gabelfrühstück und tauchte jedes Mal seine Wurst in das vor mir stehende Salzfassel ein. Als nun meine bestellte Speise kam, schob er mir seelenruhig den Salzbehälter zu, in welchem noch der Abdruck seiner Wurst zu erkennen war. So geschehen im Jahre des Heiles 1913!

Ich habe in einer flachen Bonbonniere immer mein Salz bei mir und würze meine Speisen nach eigenem Geschmack, ohne mir die Esslust zu verderben. Warum findet man nicht überall Salzstreuer, die einwandfrei hygienisch sind und oben angeführte Unarten gänzlich ausschließen? Vielleicht folgt mancher oder manche Berufsreisende meinem Beispiel und nimmt außer der Serviette auch sein Salz mit.

Eleonore M.
15. Juni 1913

Hunde im Restaurant

Obgleich das Mitnehmen von Hunden in öffentliche Lokale nicht gestattet ist, werden doch sehr oft Ausnahmen gemacht, so auch in dem ganz feinen Restaurant, in dem ich täglich zu speisen gezwungen bin, weil ich nur eine Stunde Tischzeit habe und kein anderes mir passendes Lokal in der Nähe ist. Ich speise schon über ein Jahr daselbst, war immer sehr zufrieden, die Kost ist gut, die Gesellschaft durchaus sehr anständig.

Seit etwa sechs Wochen kommen täglich zwei Damen mit einem kleinen Mädchen und einem ganz jungen Hund zu Tisch. Bis vor etwa drei Wochen konnte selbst der grämlichste Hundefeind (was ich keineswegs bin) sich nicht beklagen. Das sehr hübsche Tierchen lag in einem geschlossenen Korb, der ein Fensterchen hatte, durch welches man zuweilen die kleine Schnauze sich durchschieben sah.

Vor etwa drei Wochen bleib der Korb zu Hause, der Hund aber kam mit. Er wurde von einer der Damen auf dem Arm getragen und während des Speisens von der anderen auf dem Schoß gehalten. Wäre es dabei geblieben, hätte sicher niemand Anstand genommen. Schon nach wenigen Tagen emanzipierte sich der kleine Liebling, legte erst die Schnauze, dann die Vorderbeine auf den Tisch und guckte sich die ihm noch so fremde Welt an.

Das Tierchen ist sehr niedlich, gut gehalten, so ging denn auch dieser Entwicklungsschritt unbeanstandet vorüber. Tags darauf versuchte das Möpschen die Hinterbeine nachzuziehen; die Damen lachten erst über die Bemühungen, dann halfen sie dabei. Der Hund fand sichtbaren Gefallen an dem ihm neuen Schauplatz und begann auf demselben eine regelrechte Promenade. Die Mienen der anwesenden Gäste drückten keine freundliche Teilnahme mehr aus, aber um des lieben Friedens willen schwiegen die sichtlich Unzufriedenen. Nun

wächst der Hund und mit ihm der Unfug. Das „süße Tierchen" läuft schon auf der Straße, besteigt aber trotzdem den gedeckten Tisch, beschnuppert Salzfass, Brotkörbchen usw., isst von dem Teller des Kindes, trinkt aus dessen Glas. Einer der Gäste machte, nachdem die Gesellschaft fort war, dem Zahlkellner gegenüber eine Bemerkung mit Hinweis auf das Verbot; dieser zuckte die Achseln und versprach, mit seinem „Herrn" zu sprechen. Er selbst wolle die Damen nicht beleidigen, das Tierchen sei doch so klein usw. Seither sind acht Tage verflossen, der „Herr" lässt sich im Lokale gar nicht mehr sehen, der Kellner versichert, er habe es schon gemeldet, und der Hund sitzt noch immer auf dem sauber gedeckten Tisch.

Wozu bestehen Vorschriften, wenn sie nicht befolgt werden? Wo bleiben die hygienischen Bedenken, wenn ein Tier, das im Straßenschmutz herumtritt, auf einem zum Speisen gedeckten Tisch sitzen und herumschnüffeln darf?

Jenny B., Privatbeamtin, III. Bezirk
10. Oktober 1909

Vom Sparen und Verschwenden

Die Sorglosigkeit und der Leichtsinn gewisser Menschenklassen haben sich noch selten so auffallend dokumentieren lassen wie gerade jetzt, wo Ernst und Verständnis mehr als je am Platze wären. Die Minderbemittelten, die genötigt sind, mit beschränkten Summen hauszuhalten, müssen wohl oder übel sparen, und zwar in recht fühlbarer Weise, da die Lebensmittelpreise bereits eine in der Wirtschaft sehr empfindliche Höhe erreichen. Gibt es doch bald kein Nahrungsmittel mehr, das nicht in die allgemeine Teuerung einbezogen wäre.

Unsere Frauen sind wahrlich zu bewundern, wenn sie trotzdem stets noch Mittel und Wege finden, um so gut als möglich Haus zu führen, ohne die Ausgaben für die Küche wesentlich zu vergrößern. Besonders empfindlich wird der Mittelstand, Beamte, Angestellte, Lehrer usw. von der Teuerung betroffen, und hauptsächlich bedeutet die Milchknappheit und der infolgedessen erhöhte Preis für Familien mit mehreren Kindern eine große Kalamität.

Hingegen wird in den Kaffeehäusern nach wie vor von

Herren und besonders von Damen Kaffee mit Schlagobers verlangt und auch gereicht; sogar der Wunsch nach „Doppelschlag“ wird öfters laut. Die Kriegswecken werden verachtet, dafür aber „Indianer“ begehrt und nicht nur an Ort und Stelle verzehrt, sondern es werden auch noch einige in Vorrat gekauft und mitgenommen. Diese Leute bemühen sich gar nicht, die allgemeine Lage zu erfassen, und wollen nur ihren Gaumen befriedigen, ohne Rücksicht darauf, dass sie durch ihre Genäschigkeit andere schädigen.

Nicht nur in den Kaffeehäusern ist von einer Knappheit der Lebensmittel nichts zu merken; in den Auslagen der Konditoreien locken die schönsten Kuchen, Torten, mit Schlagobers gefüllte Bäckereien usw. das Publikum an - natürlich nur das wohlhabende, während die andern Leute, die doch in der Mehrzahl sind, ihre knapp zugezählten Gelder für das Allernötigste verausgaben müssen. Nun sind aber Naschereien in einer solchen Zeit durchaus nicht am Platz, da sie nicht als Nahrungsmittel angesehen, sondern nur von „satten" Menschen gekauft werden können. Zu Backwerk braucht man feines Mehl, Butter und dergleichen mehr, das dadurch dem allgemeinen Konsum entzogen wird.

Einerseits wurde der Mehlverbrauch eingeschränkt andererseits der Verschwendung kein Riegel vorgeschoben, sodass nur die Minderbemittelten den Schaden tragen, während die andern ihre Mehlspeisen einfach beim Zuckerbäcker kaufen.

Die Wohlhabenden, die auf den Heller nicht zu schauen brauchen, müssten zum Sparen an Lebensmitteln gezwungen werden, da sie selbst kein Einsehen haben und durch ihre Sorglosigkeit nur noch zur Verteuerung beitragen. Fort mit dem Schlagobers, den Indianerkrapfen und dem Gugelhupf, damit nicht die einen sparen müssen, während die andern leichtsinnig verschwenden dürfen.

28. März 1915

Das Mitnehmen von Kindern in Restaurationen

„Nun, Marie, noch so müde?" So fragte ich am Montagmorgen eine meiner Schülerinnen. Bleich und abgespannt saß sie da, schwarze Ringe um die Augen und unaufhörlich gähnend. Auf meine weitere Frage, wie sie den gestrigen Sonntag verbracht habe, trat ein Leuchten in ihre Augen. Und nun erzählte sie mit großer Lebhaftigkeit, dass sie nachmittags mit ihren Eltern in ein Restaurant gegangen sei. Dort hätten sie zunächst Kaffee getrunken und sich dann an dem im Saale stattfindenden Tanz beteiligt. Ab und zu habe ihr Vater ihr auch einen Schluck von seinem Bier abgegeben. Gegen Mitternacht sei der Heimgang angetreten worden. „Ach, es war herrlich!", so schloss sie ihre anschauliche Schilderung. Marie war nicht die Einzige, die auf diese Weise den Sonntag verlebt hatte.

Unmut wallte in mir auf und Trauer zugleich erfüllte mein Herz. Es ist gewiss begreiflich, wenn Vater und Mutter nach der Woche harter Arbeit mit ihren Kindern am Sonntag den engen vier Pfählen entfliehen, aber dann soll es hinausgehen in die freie Natur, wo gerade jetzt alles lacht und grünt, wo es Wunder über Wunder zu schauen gibt. Die Natur ist ja ein unerschöpflicher Born, aus dem man immer wieder neue Kräfte schöpft, damit die Elastizität des Körpers und des Geistes nicht verloren geht. Ein Kind muss gehütet, gehegt und gepflegt werden, wie ein zartes Pflänzchen. Darum, liebe Mütter, vermeidet es, eure Kinder mitzunehmen in rauchgeschwängerte Lokale, in denen Tabaksqualm und Biergeruch sich wie tödliches Gift auf ihre Lungen legen.

30. Juni 1912

Mieten und Wohnen

Sträfliche Neugier

Man sagt den Frauen nach, dass sie neugierig seien und sich allzu sehr für die Angelegenheiten ihrer Mitmenschen interessieren; in vielen Fällen trifft das zu, wenn auch nicht nur bei den Frauen, sondern genauso gut bei den Männern, die sich oft genug auch vortrefflich auf Aushorchen und Ausfragen, Klatsch und Tratsch verstehen. Im Allgemeinen nimmt man an, und mit Recht, dass diese Eigenschaften ein Zeichen recht geringer Bildung und eigener, innerer Leere seien, man brüstet sich vielleicht damit, dass bei „gebildeten Leuten", unter die man sich selbstverständlich selber rechnet, so etwas nicht vorkäme. Aber weit gefehlt!

Ich weiß nicht, ob's in anderen Städten auch so ist; jedenfalls ist in Wien gerade unter den besseren Ständen eine Art von Spionage gar nicht so selten, die nicht scharf genug gerügt werden kann, und die ich öfter mit Entrüstung selber bemerkt habe: ich meine das Beobachten der Nachbarn durch ein Opernglas. Etwas Niedrigeres und Verächtlicheres kann ich mir kaum denken als dies förmlich als Sport betriebene Spionieren. Harmlos und ahnungslos bewegen sich die Menschen in ihren Räumen, kommen und gehen, essen, ruhen, stehen am

Fenster, arbeiten – und ahnen nicht, dass hinter dem Fenster der gegenüberliegenden Wohnung irgendjemand – und in diesem Falle sind es fast allerdings nur immer Frauen – seine überflüssige Zeit damit totschlägt, ihr Tun und Leben zu beobachten und darüber Glossen zu machen. Zuweilen werden zu größerem „Amüsement“ auch noch andere Familienmitglieder, sogar Kinder, herbeigerufen und auf die Vorgänge in der fremden Wohnung aufmerksam gemacht.

Schade, dass es für solche hinterlistige Spionage keine Polizeistrafen gibt! Wie entrüstet wären wohl diejenigen, die in so taktloser und niedriger Weise ihre Neugier befriedigen, wenn ihnen Gleiches mit Gleichem vergolten würde. Und denken sie nicht einmal darüber nach, wie sträflich es ist, sogar Kinderseelen auf diese Weise zu vergiften, ihnen heimliches Nachspüren, Schadenfreude, Hinterlist beizubringen und so mit eigener Hand den Samen zu streuen, aus dem im späteren Leben die Tränenernte für die Mütter aufgeht? Vielleicht hätte beim Nachdenken darüber das Opernglas mehr Ruhe!

Treue Abonnentin

23. Juli 1911

Noch ein Wort zur Wohnungsnot

Es darf sich niemand wundern, wenn der Hauseigentümer seinem Hausbesorger den strikten Befehl erteilt, nur kinderlose Leute aufzunehmen. Würden die kinderreichen Parteien sich streng an die Hausordnung halten, könnte allen viel Verdruss erspart bleiben. Wehe aber dem Hausbesorger, wenn er über das eine oder das andere Kind Klage führt!

Da habe ich kürzlich einen Fall erlebt, wo sieben oder acht Kinder vorhanden waren. Zwei von ihnen bewarfen das Haus mit Kot, warfen denselben in die Geschäfte hinein und trieben allerlei Unfug. Als nun über sie Klage geführt wurde, war der Vater so erbost, dass es bald zu Tätlichkeiten gekommen wäre. Schluss? Kündigung! Was hieß es dann? So eine Ungerechtigkeit, Leuten mit so vielen Kindern zu kündigen usw.

Würden aber die Parteien ihre Kinder dazu anhalten, ruhig über die Stiege zu gehen, sich nicht in der Einfahrt oder beim Haustor aufzuhalten oder zu lärmen, würden sie ihnen verbieten, irgendetwas zu beschädigen, die Wände zu bekritzeln, bei den Wasserhähnen zu spielen usw., so würde sich gewiss niemand weigern, Par-

teien mit Kindern zu nehmen. Man darf nicht glauben, dass die Hausherren kinderfeindlich gesinnt sind. O nein! Aber sie schützen ihr Eigentum, um sich die Reparaturen zu sparen, was auch ganz in der Ordnung ist.

Eine Wienerin, die auch Kinder hat,
aber gut erzogene
6. November 1910

Möblierte Zimmer

Es ist keineswegs zu leugnen, dass, trotz allem gegnerischen Geschrei, die Frauen auch bei uns in Österreich schon einen bedeutenden Fortschritt zu verzeichnen haben. Kunst und Wissenschaft, Handel und Gewerbe haben ihnen Tür und Tor geöffnet; ehrenvolle Plätze, wichtige Stellungen werden von den Frauen eingenommen und behauptet. Nur in einem Punkt ist das alte Vorurteil noch nicht verschwunden. Die „möblierten Zimmer" sind nach wie vor nur mit Opfern erhältlich, in vielen Fällen werden dieselben dem armen, „schwachen Geschlecht" sehr energisch verweigert.

Schon wiederholt hatte ich Gelegenheit, mit Verwandten oder Freundinnen auf Wohnungssuche zu gehen, und ich habe diesbezüglich schon recht bittere Erfahrungen gemacht. Oft ist schon auf der Vermietungstafel der Vermerk „nur an

Herren“ zu lesen. Eigentlich ist ein jeder berechtigt, diesbezüglich in seiner Wohnung zu tun, was er will. Minder rücksichtsvoll aber ist es, wenn die P. T. Vermieter und Vermieterinnen den Vermerk nicht auf den Wohnungszettel setzen, sondern die Wohnungssuchenden die drei, vier oder gar fünf Stockwerke emporklettern lassen, um ihnen dann an der Wohnungstüre (zumeist noch in recht unfreundlichem Ton) den Bescheid zu erteilen: „An Damen vermiete ich nicht!“ Ist man so unvorsichtig, die Frage zu stellen, weshalb denn nicht, dann entlädt sich eine Flut von Anschuldigungen über die armen Mieterinnen. „Sie waschen Taschentücher, Blusen, Strümpfe und sonstige Kleinigkeiten im Lavoir, hängen die feuchten Wäschestücke auf den Möbeln auf, sie kochen auf Spiritus und stellen den Spirituskocher auf die polierten Tisch- und Kastenplatten, sie klatschen mit den Dienstmädchen und halten diese von der Arbeit ab, sie lassen sich den ganzen Tag ‚bedienen‘, sie stecken in alles die Nase, sie klatschen und tratschen, sie stiften Unfrieden usw.“

Nun mögen einzelne dieser Fälle allerdings vorkommen, aber keine Regel ohne Ausnahme. Im großen Ganzen ist die moderne Frau doch nach jeder Richtung schon so weltgewandt und praktisch geworden, dass selbst die jüngste, kaum der Handelsschule entflogene Kontoristin nicht gar so unüberlegt und rücksichtslos vorgehen wird. Angenommen aber, dass manche Dame wirklich schädigend auf das fremde Mobiliar und die betreffenden Dienstboten wirkt, so ist dies bei gar vielen Herren nicht minder der Fall. Zigarren und Pfeifen üben auch keinen heilsamen Einfluss, wenn sie in glühendem Zustand auf polierte Tische gelegt werden, Spirituskocher stehen auch bei der Männerwelt schon im Gebrauch, und was die Dienstmädchen anbelangt, über das Thema mag geschwiegen werden; die Erörterung des Einflusses der Zimmerherren auf die betreffenden häuslichen Hilfskräfte würde zu weit führen und heikle Gebiete ergreifen. Es mag nur kurzweg behauptet werden, dass die Damen in dem Falle viel ungefährlicher sind als die Herren.

Therese B.

21. November 1909

Wiener Bäder

Es ist wohl eine bekannte Tatsache, dass es mit dem Badewesen in Wien sehr schlecht bestellt ist. Trotzdem scheint es von kompetenter Seite niemandem einzufallen, in dieser Sache Wandel zu schaffen. Was sind denn diese paar

Warm-Badeanstalten für eine solche Riesenbevölkerung! Die sogenannten Volksbäder sind ja eine ganz schöne Einrichtung, doch kann man sich dort nicht baden, höchstens abwaschen. Und die wirklichen Warmbäder stellen sich im Preis zu hoch, um sie öfter zu benutzen. Außerdem ist es nicht sehr appetitlich und hygienisch, nach jedem x-Beliebigen die Wanne und Kabine zu gebrauchen. Eine Wohnung mit Bad können sich doch nur bessere Leute leisten. Was sollen die Minderbemittelten machen? Familien mit mehreren Kindern?

Viele würden sich ja gern eine Badewanne anschaffen, wenn in den jetzigen meist sehr kleinen Küchen nur Raum wäre, abgesehen davon, dass das Badrichten eine sehr schwierige und zeitraubende Sache ist, wenn nicht die dazu nötige Vorrichtung besteht.

Wäre es denn nicht durchführbar, dass in jedem Haus eine Räumlichkeit als Badezimmer eingerichtet würde? Selbst in alten Häusern ließe sich das noch durchführen. Dieser Baderaum stände natürlich unter Aufsicht des Hausbesorgers, gerade wie die Waschküche, die sich als große Wohltat bewiesen hat, und es könnte ja für jedesmalige Benützung ein kleiner Betrag erhoben werden.

19. Februar 1911

Kinder beim Besuchemachen

Stellen Sie sich einen Haushalt ohne Bedienung vor; die junge Frau macht alles selbst und hält die Wohnung peinlich sauber. Nachmittags, wenn sie mit der Küche fertig ist, setzt sie sich zu einer Näharbeit. Da läutet's, es kommt Besuch, eine gute Bekannte mit ihren zwei Kindern. Die junge Frau erschrickt, denn sie weiß, dass sie sich heute umsonst so viel Mühe mit dem Aufräumen gegeben hat.

Wie sieht das Zimmer in einer Stunde aus! Nicht nur, dass die Kinder und sogar auch die Mutter sich die Schuhe vor der Tür nicht abgeputzt haben – nein, die Kinder bleiben auch nicht ruhig sitzen. Sie holen das Versäumte nach, aber leider auf den Sesseln, wo der Schmutz seine Spuren zurücklässt. Kein ihnen erreichbarer Nippes-Gegenstand – meist liebe Andenken – hat Ruhe vor ihnen. Nun gibt man ihnen Bäckerei oder dergleichen, o weh, die vielen Bröseln auf Teppich und Fußboden. Aber keine Mahnung der Mutter, nur beim Abschied die Worte: „Jetzt haben wir eine schöne Wirtschaft gemacht, seien Sie darüber nicht böse!“

Kann man es der jungen Hausfrau verargen, wenn sie solche Besuche nicht gern sieht? Und dem wäre doch abzuhelfen, wenn sich die besuchenden Mütter mehr Mühe mit der Erziehung ihrer Kinder zur Ordnung und Sauberkeit geben würden. Oder man lässt so ungezogene Kinder zu Hause und geht allein, vergisst aber nicht, sich selbst die Schuhe gut abzuputzen, wenn man eine fremde Wohnung betritt.

8. Dezember 1912

Eine Mahnung zur Vorsicht

Täglich kann man in den Zeitungen lesen, dass dieser oder jener Herr eine Wirtschafterin sucht, „zwecks späterer Heirat", „mit Vermögen" oder auch „mit eigenem Haushalt". Eine Entschädigung wird nicht geboten. Trotzdem werden sich darauf wohl auch immer bereitwillige Frauen oder Mädchen finden, gibt es doch leider solche, die sich „ohne Gehalt" anbieten, einzig nur, um ein Unterkommen zu haben. Natürlich ist es ganz Sache der Betreffenden selbst, ob und wie man sich in dieser Angelegenheit einigt. Es wird auch selten etwas darüber an die Öffentlichkeit dringen, wenn nicht gerade besondere Umstände dazu Veranlassung geben, wie etwa seinerzeit eine Gerichtsverhandlung, wonach ein Herr seiner Wirtschafterin den versprochenen, aber einbehaltenen Lohn auf etwa vier Jahre nachzahlen musste.

In der Regel wird - mit wenigen Ausnahmen - bei derartigen Gesuchen eine Heirat überhaupt nicht beabsichtigt. Solche Verhältnisse sind zumeist nur ein moderner Trick gewissenloser Männer, leichtgläubige und besonders alleinstehende Frauen für eigene Vorteile auszunützen, was in den meisten Fällen auch gelingt. Solange eine Frau noch in der Lage und willens ist, Opfer zu bringen, ist's gut; andernfalls wird

man ihrer gar bald überdrüssig und sucht nach Gründen, um Platz für Abwechslung zu schaffen.

Auf diese Weise haben Frauen die Zeit nutzlos verbracht, büßen außerdem oft noch ihre wenigen Habseligkeiten ein und mögen aufs Neue ihr „Glück" versuchen. Zu ihrem Recht werden sie selten kommen, weil sie weder Zeugen noch schriftliche Beweise über irgendwelche Vereinbarungen haben; besonders aber, weil sie aus Scham über allzu große Vertrauensseligkeit lieber schweigen. Oft haben solche Frauen auch gar nicht den Mut, ihr Recht zu suchen, fallen vielmehr nach so mancherlei Irrfahrten der öffentlichen Fürsorge zur Last.

Hier wäre ein Gebiet, dem die Behörden etwas mehr Aufmerksamkeit schenken sollten; es dürfte vielfachen Segen bringen. Sicher könnte man diesem Übel ein wenig entgegensteuern, wenn man die Bestimmungen über Wohnungsverhältnisse entsprechend verschärfen würde; dann dürfte sich ein solches Zusammenleben oft ganz von selbst verbieten. Schon vom sittlichen Standpunkt aus betrachtet sollten derartige Verhältnisse nicht gebilligt werden. Man müsste an maßgebenden Stellen Mittel finden, dieser Unsitte wirksam entgegenzutreten.

In erster Linie aber sollten Frauen selbst zur Hebung ihres Standes und der Sittlichkeit im Allgemeinen beitragen, indem sie den Männern nicht so bereitwillig entgegenkommen und sich ihre Leistungen entsprechend honorieren lassen oder – wenn das nicht geschieht – unbedingt schriftliche Sicherheit über weitere Versprechungen fordern, um – wenn es nötig ist – in der Lage zu sein, ihre Rechte und Ansprüche geltend zu machen.

Vera

29. März 1914

Allerlei Beklagenswertes

Postalische Missstände

Ein Übelstand ist in unserer Stadt und Provinz gleichmäßig verbreitet und wird gewiss von vielen unangenehm empfunden; das ist der oft so schlechte Zustand, in dem die doch zur Bequemlichkeit des Publikums dienenden Schreibutensilien in den Schaltervorräumen sich befinden.

Der Zustand der einzelnen zum Schreiben bestimmten Gegenstände ist nichts weniger als zur Benutzung einladend und verlockend. Vielerorts sind die Schreibunterlagen so mit Tinte durchtränkt, dass sie nicht mehr löschen. Die Federn sind fast unbrauchbar; die Tinte entweder ein dickflüssiger Sumpf oder aber in so geringer Quantität vorhanden, dass ein fortwährendes Eintauchen der Feder erforderlich ist. Sollte es nicht möglich sein, jeden Vormittag, zu Beginn der Dienststunden, die Schreibutensilien nachzusehen, und wenn nötig, in Ordnung bringen zu lassen? Mindestens sollte doch die Löschpapierunterlage gewechselt werden, wenn sie ihren Zweck in keiner Weise mehr erfüllt. Die Post arbeitet doch mit so gutem Überschuss!

Lilly W.
12. November 1911

Zu wenig Schalter

Schon oft und laut, aber leider noch immer vergeblich ist in Wien die Klage darüber erhoben, dass bei stets wachsendem Betriebe, wie es unsere mächtig sich ausdehnende Stadt mit sich bringt, auf der Hauptpost und an Bahnhöfen so gar wenige Schalter zur Abfertigung des sich drängenden Publikums geöffnet werden. Da stehen die Menschenhaufen: Lehrlinge und Angestellte aus Geschäften, deren Rückkehr anderer eiliger Arbeiten wegen vom Chef heiß ersehnt wird; Kaufleute, deren Zeit im wörtlichen Sinne ihnen Geld bedeutet; Frauen, denen es fast auf dem Nagel brennt, wieder an ihre häuslichen Verrichtungen zu kommen – ein dichtes Gewühl von Menschen, von denen mindestens drei Viertel wirklich keine Zeit zum Vertun haben. Und für all diese öffnen sich ein, zwei oder drei Schalterlöcher.

In einem kaufmännisch geleiteten Betriebe müssen während der Geschäftszeit alle Mann auf Deck sein und jedes Rädchen des Getriebes sich drehen. Ist das auf der Post und Bahn nicht zu machen? Ebenso sollte das Handwerkszeug, Stempel usw. doch vor den Dienststunden in Ordnung gebracht und nicht angesichts des ungeduldig harrenden Publikums mit möglichster Langsamkeit gereinigt und geordnet werden.

Frau M.

4. September 1910

Warum drängst du, Unbekannter, mir deine Meinung auf?

Ungemein störend muss es jeder empfinden, wenn er beim Lesen von Bibliotheksbüchern an Stellen kommt, an denen frühere Leser oder Leserinnen ihren Empfindungen und Gefühlen durch Anstreichen, Frage- oder Ausrufezeichen bereits Ausdruck gegeben haben. Überlasse doch jeder jedem sein eigenes Urteil und greife nicht störend in den Gedankengang anderer ein durch diese stummen und doch so beredten Zeichen! Beredt auch dafür, dass der Betreffende sicher ein vorlauter, sich gern überhebender Mensch ist, da er ungefragt anderen seine Meinung aufdrängt. Wir vergehen uns damit aber auch an fremdem Eigentum, denn die Leihgebühren zahlen wir doch nur fürs Lesen, nicht, dass jeder Einzeichnungen nach Belieben machen kann.

Nun erlaube ich mir bei dieser Gelegenheit gleich noch ein Wort gegen die häufigen Fett- und Schmutzfinger, die man in Leihbüchern findet. Hebe doch jeder seine Lektüre für die Mußestunden auf. Er wird geistig einen weit größeren Nutzen haben und seine und anderer Leser Gesundheit nicht aufs Spiel setzen, ganz abgesehen davon, dass jeder lieber saubere Werke zur Hand nimmt statt schmutzige.

Frau Lotte M.

1. März 1914

Wahrsagerin

Wenn man den Inseratenteil einer Tageszeitung durchsieht, so kann man spaltenlange Anzeigen erblicken, die oft keinen weiteren Inhalt haben als einen Frauennamen mit nachfolgender Adresse. Ein einigermaßen erfahrener Leser weiß, dass jene Adressen den Frauen angehören, die auf die Einfalt ihrer lieben Nächsten spekulieren und sich „Wahrsagerin" nennen.

Das Gefühl, von jenen „klugen" Frauen für dumm gehalten zu werden, hätte allein genügt, mich von ihnen fernzuhalten. Da bat mich kürzlich meine Freundin – kaum glaublich, aber eine wissenschaftlich gebildete ältere Dame –, welche vor einem schweren Entschluss und einer Entscheidung stand, sie zu einem jener Offenbarungsorte zu begleiten. Meine entrüstete Abwehr wollte sie durchaus nicht gelten lassen. Sie bat so lange und eindringlich, bis ich schließlich lachend ihr meine gewünschte Begleitung zusagte, mit der heimlichen Absicht, die ganze Sache, die ich bisher nur aus der Theorie kannte, einmal in der Praxis zu erproben. Und wahrlich, dieser Gang hat mich nicht gereut.

Also, wir mussten vorerst antichambrieren, in einem Warteraum, klein wie eine Mausefalle, halb dunkel wie ein Novembertag, der zu Ende geht. Meine Freundin und ich setzten uns nebeneinander. Und gegenüber saß bereits, sichtlich erregt wartend, eine einfache, hagere Frau mit tief vergrämten Gesichtszügen. Auf dem Fensterbrett, uns zur Seite, lagen angerauchte Zigarren. Wir befanden uns also bei einer viel begehrten und wohlbekannten Berühmtheit. Letztere wandelte, in salopper Bekleidung, mit schlurfenden Tritten an unserer offenen Tür vorüber, uns neugierig und taktlos prüfend, ehe wir, jede allein natürlich, in ihr Allerheiligstes gerufen wurden.

Den mir aus den Karten mit überlegener Miene und Herablassung prophezeiten Unsinn ganz zu wiederholen, lohnt sich nicht. Nur so viel: „Er" spielte auch bei mir eine Hauptrolle, als undefinierbarer Freund. Den von mir niedergelegten klingenden Lohn für die Mühe geringschätzig betrachtend, versprach mit die Orakelnde des Geheimnisvollen und Rätselhaften noch viel mehr, wenn ich die Summe verdopple. Aber ich war obstinat und nicht mehr neugierig – ich wusste genug.

Und nun kommt der Zweck dieser Zeilen: An euch, liebe Mitschwestern, wende ich mich, die ihr leidet unter den Konflikten und Reibungen eines schwer zu tragenden Schicksals, die ihr euch hin- und hergeworfen fühlt dabei von eurem Herzen, bringt nicht eure oft mühsam erarbeiteten oder ersparten Groschen zu einer jener sehr mundfertigen, gewandten und schlauen Zukunftsverkünderinnen! Glaubt einer Schicksalserprobten: Fest stehen im Leben ist alles! Immer und immer wieder Mut fassen im Kampfe ums Dasein, das allein kann zu gutem Ende führen.

Wenn ein junges Blut in der Sehnsucht Fieberhitze einmal sich Bilder vorgaukeln lässt oder wenn eine von denen, welchen „eine lumpichte Mark" nichts ausmacht, einmal ihre Eitelkeit reizen lassen möchte – immerzu, da mag man den Unsinn als Scherz gelten lassen, obgleich das märchenhafte Geschwätz auch hier nicht selten zu Irrungen und Verwirrungen führte. Doch unter dem Drucke schwieriger Verhältnisse sich energielos für einige Nickel „Zukunftsmusik" in die Ohren blasen zu lassen, das halte ich für ebenso unklug wie eines gereiften Menschen unwürdig.

21. Juli 1912

Beim Kinematographen

Die Frage, ob man Kinder und vor allem halbwüchsige Knaben und Mädchen zum Kinematographen mitnehmen oder gar allein gehen lassen kann, wurde schon sehr oft ernstlich in Erwägung gezogen. Meistenteils waren die Ansichten sehr verschieden, sodass sich Für und Wider ziemlich ausglich. In neuester Zeit ist, durch bestimmte Vorkommnisse, die Angelegenheit wieder in den Vordergrund getreten, und die Gegner des Kinderbesuchs im Kinematographen haben sich gemehrt. In Schulkreisen und solchen, welche Lehr- und Erziehungsangelegenheiten nahestehen, wurde sogar auf Verbote des Kinematographen-Besuches von Schulkindern hingewirkt.

Wie leicht begreiflich, haben nun die Besitzer der infrage stehenden Unternehmungen ebenfalls zu der Sache Stellung genommen und in mehreren Fällen einwandfreie Darstellungen zugesagt; es werden solche auch tatsächlich veranstaltet. Ob der Erfolg ein für alle Beteiligten günstiger sein wird, steht infrage. Mit Hinblick auf verschiedene Umstände dürften auch hier die verneinenden Antworten die Mehrzahl bilden. Gründe hierfür sind nicht schwer aufzufinden. In erster Reihe ist zu untersuchen, ob die Maßregeln ihren Zweck erreichen und diese „einwandfreien Darstellungen" tatsächlich „einwandfrei" sind. Zur Ehre der betreffenden Unternehmers sei zugestanden, dass dies der Fall ist und auch der strengste Kritiker gegen die gebotenen Schaustellungen nichts einwenden könnte.

Trotzdem ist es nicht zu leugnen, dass der Besuch des Kinematographen für die Jugend nicht vorteilhaft ist, weil es sich bei demselben keineswegs nur um das Dargestellte, sondern auch um das anwesende Publikum handelt. Dieses ist nun ein ganz eigenes; ein Spiegelbild des Straßenlebens. Kunterbunt wirbelt da Geschäft und Vergnügen die Menschen durcheinander. Arbeiter und Pflastertreter, Mittellose und Millionäre, das arme, kleine Laufmädel und die hochadelige Dame, die Tagelöhnerin und die Lebenskünstlerin, all die und noch andere findet man in den Straßen und „nur auf ein Viertelstündchen" beim Kinematographen.

Gerade dieses so verschiedenartige Publikum gibt den Darstellungen den eigenen Reiz, zuweilen aber auch einen, der nicht für Kinderaugen und Kinderohren passt. Bekanntermaßen interessiert sich die Jugend immer am allermeisten für dasjenige, was sie absolut nichts angeht. Demzufolge haben auch bei kritischen Fällen die Kinder oft mehr Interesse an den Vorgängen im Publikum als an denen auf der Bühne, ganz besonders wenn Letztere wirklich „einwandfrei" sind und dies bei den Ersteren nicht der Fall ist.

Da man aber von den Kinematographen-Besitzern nicht verlangen kann, dass sie auch für „einwandfreie Zuschauer" Sorge tragen sollen, so wäre es wohl für alle Teile am besten, ein- oder zweimal die Woche eine Nachmittagsvorstellung für Kinder zu veranstalten. Die Unternehmer kämen bei diesen

Vorstellungen ganz sicher auf ihre Rechnung und hätten noch den Vorteil, die übrigen Tage der Woche keine weiteren Rücksichten nehmen zu müssen, ein Punkt, der in geschäftlicher Richtung keineswegs zu unterschätzen ist; denn, für den modernen Geschmack ist das „einwandfrei" keineswegs immer ein Empfehlungsbrief, heutzutage liebt man ja bei allem ein bisschen Pikanterie, und für Erwachsene liegt ja nichts daran.

Bei diesen Kindervorstellungen fände sich dann auch ganz gewiss das so wünschenswerte „einwandfreie" Publikum ein, da sich dieses ja größtenteils nur aus Müttern oder den Begleitpersonen der Kinder rekrutiert, und diejenigen, die bei derlei Schaustellungen nur die „Hetz" im Zuschauerraum suchen, zweifellos durch Abwesenheit glänzen würden, was im Interesse der Kinder höchst wünschenswert wäre.

5. Dezember 1909

Das Übereinanderschlagen der Beine

Viele Leserinnen werden wohl mit mir einer Meinung sein, dass das Überschlagen der Beine beim Sitzen eine sehr hässliche Angewohnheit ist. Wohl manche Dame hat sich schon geärgert, wenn sie, vor allen Dingen in der elektrischen Bahn, ein solches Vis-à-vis hatte oder sich beim Vorbeigehen an den Schuhen der oder des Betreffenden das Kleid beschmutzte. Abgesehen vom Beschmutzen der Kleider ist diese Gebaren doch auch durchaus unfein. Und gerade bei jungen Mädchen, die durch ihre Anmut das Alltagsleben schmücken sollten, bemerkt man nur zu häufig diese üble Angewohnheit.

Möchte doch jede Mutter ihre Tochter auf das Unfeine dieser Haltung aufmerksam machen und es auch zu Hause nicht dulden, dass die Mädchen so sitzen. Aber auch junge Männer machen es sich auf diese Weise oft in der Elektrischen bequem, ohne Rücksicht auf die Mitfahrenden. Wie hässlich!

Eine Abonnentin

2. Juli 1911

Zur Einfachheit zurück

„Schlicht und einfach" – wie Hohn klingen diese beiden Wörtchen in unserer modernen Zeit des Luxus, der Bequemlichkeit und des Verwöhnens! Mahnt aber nicht so manches in unseren Verhältnissen, oft auch in unserm körperlichen Befinden: „Kehre zurück zur Einfachheit"? Doch wo soll man damit anfangen? Diese Bequemlichkeit mag ich nicht missen, jenen Luxus nicht aufgeben, denn ich habe mich zu sehr daran gewöhnt. Gewiss, uns wird es schwerfallen, auf dieses und jenes zu verzichten; denken wir indessen an unsere Kinder, ihnen sind wir es schuldig, dass Einfachheit die Grundlage der Erziehung sei. Wollen wir sie doch zu zufriedenen, glücklichen Menschen heranwachsen, sich gesund und blühend entwickeln sehen.

Werden wir dies erreichen, wenn wir sie schon in frühester Jugend mit allem erdenklichen Komfort und Genüssen umgeben? Werden sie nicht später noch mehr vom Leben verlangen, ihre Ansprüche steigern und jedes Vergnügen als ihr gutes Recht beanspruchen? Wie traurig ist's dann um solche Menschen bestellt, die von Genüssen so übersättigt sind, dass keine Freude ein sonniges, frohes Aufleuchten im Antlitz hervorruft, keine Gabe mit innigem Dankesblick entgegengenommen wird. Wie arm an Glück und Sonne sind sie trotz allen Reichtums!

Darum kehre zurück zur Einfachheit. Schlicht und zweckmäßig sei unsere Kleidung; unsere Nahrung sei kräftig und schmackhaft, doch ohne viele Leckerbissen. Die Wohnung soll ein Spiegel unseres Wesens sein, Licht und Luft sollen ungehindert hereinströmen können. Gewiss sollen wir auch unser Heim schmücken, es traut und gemütlich machen, doch kann auch darin eine solide, vornehme Einfachheit walten: „Lieber weniger – aber gut" sei unsere Parole.

Besonders auch in den Geschenken soll sich diese Gesinnung zeigen. Ist es nötig, dass der Weihnachts- und Geburtstagstisch unserer Kinder fast bricht unter der Last? Würden sie mit weniger und einfacheren Sachen nicht vielleicht noch besser spielen können? Die meisten Eltern ahnen nicht, wie verderblich der Überfluss auf ein Kindergemüt wirkt.

Sind wir selbst anspruchsloser und einfacher in unseren Gewohnheiten geworden – denn wohl oder übel, wir müssen doch unsern Kindern mit gutem Beispiel vorangehen –, so wird dies auch vorbildlich für unsere Dienstboten sein, welche leider sich in Putz und Überladung oft nicht genug tun können, statt an die Zukunft zu denken.

Erziehung zur Einfachheit sei unser Grundsatz, denn nur so wird uns ein gesundes, arbeitsfreudiges und glückliches Geschlecht erblühen, und nur so werden unsere sozialen Verhältnisse gebessert werden.

9. November 1913

Über die „Wiener Hausfrau“

Die Wochenzeitung „Wiener Hausfrau", deren Redaktion sich in der Wollzeile 31 im 1. Wiener Gemeindebezirk befand, richtete sich an eine bürgerliche Leserschaft. Das Blatt erschien von 1904 bis 1920. Als am 19. September 1920 aus finanziellen Gründen die letzte Ausgabe der Zeitung herauskam, wurde diese freundlicherweise gänzlich dem Abschließen der beiden laufenden Fortsetzungsromane gewidmet. Die Zeitung gab es ab 1924 wieder; die endgültige Einstellung wurde ohne Kommentar im Jänner 1939 vorgenommen.

Die thematischen Schwerpunkte der „Wiener Hausfrau" waren denen der heutigen Frauenzeitschriften nicht unähnlich – praktische Tipps für Küche und Haushalt, das Neueste zu Mode und Wohnungseinrichtung, ärztliche Ratgeber, Rätsel, Fortsetzungsromane, unzählige Leserzuschriften, ja sogar grafologische Analysen zu eingesandten Handschriftproben wurden abgedruckt.

Über den Autor

Stefan Franke, geboren 1976, beschäftigt sich gerne mit historischen Zeitungen und ist mit seiner Lesereihe „Die Zeitungslesung“ vor Publikum und in den Sozialen Medien zu hören. Trotz jahrelanger Arbeit in den Neuen Medien schlägt sein Herz am stärksten für das Eintauchen in eine Welt lange vor der Digitalisierung. Stefan Franke lebt in Wien

www.stefanfranke.at

Adresse recht deutlich schreiben!

Vor- und Zuname

Straße und Hausnummer

Wohnort

Nur gegen Abgabe eines gültigen Bestellscheines können unsere Abonnenten in unserer Geschäftsstelle oder den Verkaufsstellen bis sechs Linda-Schnitte, die in früheren Heften als vorrätig bezeichnet sind, zum Preise von je K 1.— beziehen.

Bei Zusendung durch die Post sind jeder Bestellung **15 h für Porto** beizufügen.

Stempel- und Zeitungsmarken werden nicht in Zahlung genommen.

Betrag K ______ folgt durch Postanweis. / liegt in Freimarken bei. } Nichtzutreffendes ist zu streichen.

Nachnahme unzulässig.

Schriftliche Bestellungen richte man nur an unsere **Geschäftsstelle Wien I, Wollzeile 9.**

Verkaufsstellen für Linda-Schnitte:

Warenhaus Schwarz, Innsbruck, Tirol.
Josef Kraus Nachfolger, Wien XVI, Ottakringerstr. 53.

Kein Papierstoff!

Mäntel modern, in allen Farben . . von K 169 aufw.

Kostüme modern, in allen Farben . . von K 149 aufw.

Sportjacken modern, in allen Farben . . von K 129 aufw.

Schösse in Glocken u. Falten, reich geputzt, von K 69 aufw.

Große Auswahl in Kleidern, Blusen, Schlafröcken, Kinder-Kleidern und Kinder-Mänteln zu den bekannt billigen Preisen.

Damen-Konfektion

nur XX. Bez., Wallensteinplatz 1.

Straßenbahn Nr. 3, 5, 15 und 31.

Wirtschafts-Genossenschaft der ...
e. G. m. b. H.
Wien VII, Mariahilferstraße 84. Telephon 3457
Für Beamte, Staatsangestellte, Lehrer usw. kulanteste Teilzahlung

JEDE DAM...

erhält nach meiner langjährig erprobten Methode wundervolle

BÜSTE

Ueberraschender Erfolg!

Erstes Spezial-Institut für Büsten...
IX., Liechtensteinstrasse 52, Me...

Rex Einkochgläs...

Dörrapparate

Kompl. Kücheneinrichtu...

Alois Pesendorfer, Wien
Neubaugasse 80, Ecke Neustif...

„Silve" Veilchen Hautcrême

unentbehrlich für Gesichts- u. Handpflege.

„Sil...
„Sil...
Erhältl...
Droger...

Monatsbi...
Spülapparat
haltbar, K ...
genauer Geb...
Mu...
Paltauf...

Verk...

... Redaktion Elise Falkmaier (E. Reigershofen), Wien III, Apothekergasse 39; für die Geschäftsleitung Heinrich Huber, Wien ... und Verlagshaus G. m. b. H. Berlin. — Verlag: Deutsches Druck- und Verlagshaus G. m. b. H., Zweigniederlassung ...

Tapeten Spezialist in diesem Fach übernimmt alle

Tapezierungen v. Zimmern u. Lokalen

Tadellose Ausführung, gutes Material unt. Garantie. Kulante Preise. Kostenvoranschläge bereitwilligst.

Franz Franek, Tapezierer, Wien XII, Steinbauergasse 11.

SPEZIALIST

für Kinder- u. Mädchenzimmer, Vorzimmer- und Küchenmöbel in größter Auswahl. Weichmöbelhaus **Josef Kobiltz & Sohn,** Wien VII, Siebensterngasse 12.

Kein Waschtag mehr!!

DAMPFWÄSCHEREI- und FÄRBEREI-A.-G.

Zentrale: Wien II., Obere Donaustr. 29/31.
Filiale: Wien IV., Rechte Wienzeile 21.

:-: Reinigung von Hauswäsche aller Art. :-:
Rasche Lieferung. Berechnung nach Gewicht.

Modernst eingerichtete Färberei.

— Telephone 41045 und 41046. —

Bestellschein für Linda-Normalschnitte

Abbildungsart: Rock, Bluse, Kostüm, Kleid, Mantel, Mädchenkleid, Knabenanzug	Aus Heft Nr.	Abbildung Nr.	Gewünschte Größe b. Normalschnitten siehe Abbildung

Billiger Verkauf echter, solid gearbeiteter

Pelzwaren

neuester Fassons.

Pelz-Mäntel
Pelz-Jacken
Pelz-Kragen
Pelz-Muffe
Pelz-Garnituren

besonders billig.

Pelzhaus Larisch

1. Bez., Tiefer Graben 12

Jeder sein eigener Schuster u. Sattler!

Meine „Lumax"-Handnähahle näht Steppstiche wie mit Nähmaschine. Größte Erfindung, um Leder, Schuhwerk, Geschirre, Teppiche, Fahrradmäntel, Säcke und alle starken Stoffe selbst zu flicken. Unentbehrlich für jede Hausfrau. Preis mit Zwirn, 4 verschied. Nadeln u. Gebrauchsanweis. K 6. Zu haben in jeder Eisenhandlung oder beim Fabrikanten **JOSEF PELZ, Wien, XIV. Bezirk, Schweglerstr. 15.**

Herbst-Mode.

Sie müssen ...

Karbid-Ker...

kommen lassen, wenn ... schönes Licht haben ...

Preis samt Karbid K 15.—, ...
K 4.85 extra gegen Voreinsen... trages oder Nachnahme du...

Spezial-Haus für Klein-Beleuchtun...

Carl Ludwig, Mödling ...

Große illustrierte Preisliste frei.

Spezialistin für Gesichtspfle...

beseitigt Sommersprossen, braune Flecke, Wimmerln, Mitess... einmaliger Behandlung mit sicherem Erfolg!

Gesichtshaare werden binnen 10 Minuten gänzlich entfer...

Preise mäßig. Behandlung von 8 Uhr vorm. bis 7 Uhr abends. ... bis 5 Uhr nachm.

Institut für Schönheitspfle...

IX, Liechtensteinstraße 52, Mezzanin.

Bitten sich gefälligst von der **Leistungsfähigkeit** unseres Hauses ...

Seiden, Etamin und Stickereiwaren

zu **überzeugen.** Muster franko.

Beck & Kohn, Wien I. Salvatorgasse

Punzierte Pelzware...

mit Plombe versehen, den Namen des Felles enthaltend, womit dessen ...